JN087134

SDGs × 公民連携

先進地域に学ぶ 課題解決のデザイン

高木 超 著

学芸出版社

■ はじめに——SDGsにおける公民連携の必要性

■まちの様々なアクターをつなぐ「中途半端な位置」

　まちづくりの仕事に取り組むとき、私は常に「中途半端な位置」を探しています。この「中途半端」という表現は、どうしても悪い印象を持ってしまいがちです。しかし、「誰かと誰か」「問題と問題」の間に入って、物事が良い方向に進むように調整していくことは、通常の仕事でも、まちづくりでも、そして人間関係においても重要なはずです。

　自治体によるまちづくりが、地域の未来を見据えた持続可能なものであるなら、そこに暮らす市民にとって心強いことでしょう。しかし、自治体職員が、自分の部署だけで完結する取り組みばかり考えていたら、果たして「持続可能なまちづくり」を達成することはできるでしょうか。

　せっかく幅広い分野の課題が集約された「共通言語」とも言うべき「持続可能な開発目標（SDGs）」を推進するのですから、公民連携で取り組むことはもちろん、企業と企業、市民団体と市民団体、企業と市民団体といった複数の主体の間に入り、地域課題の解決につながるアクションを支援することも、行政が担える役割であるはずです。

■多様な主体の連携を促す"共通言語"としてのSDGs

　SDGsの達成年限である2030年より先を見据えた話ですが、2018年に発表された「自治体戦略2040構想研究会 第二次報告[注1]」では、経営資源の制約により、自治体が従来の方法や水準で公共サービスを提供することは困難になると述べられています。同時に、こうした公共私の機能低下に対応しながら、新しい公共私相互間の協力関係を構築し、くらしを支えていくための対策を講じる必要があると提起しています。つまり自治体は「公共私のプラットフォーム・ビルダーへの転換[注1]」が求められているのです。

地域を構成する多様な主体や、地域の外に存在する主体が集う場所を構築しながら、それぞれの主体の間——まさに「中途半端な位置」——に行政がいることで、各主体の力を最大化させることができます。
この公民連携によるまちづくりを進める上で、SDGsという「共通言語」は、多様な主体の連携を促進する可能性を秘めています。

　本書では、様々な可能性を秘めたSDGsを活用しながら、公民連携による地域課題解決に取り組む全国各地の自治体をご紹介します（図1）。これらの内容が、自治体職員、議員、企業、市民団体、個人など様々な立場でSDGsを推進するあなたの役に立てば、嬉しく思います。

「SDGs×公民連携」で地域課題を解決する

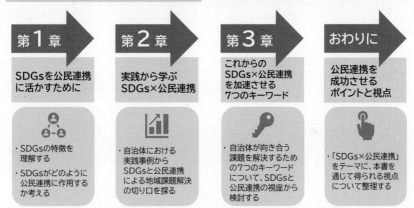

第1章	第2章	第3章	おわりに
SDGsを公民連携に活かすために	実践から学ぶSDGs×公民連携	これからのSDGs×公民連携を加速させる7つのキーワード	公民連携を成功させるポイントと視点
・SDGsの特徴を理解する ・SDGsがどのように公民連携に作用するか考える	・自治体における実践事例からSDGsと公民連携による地域課題解決の切り口を探る	・自治体が向き合う課題を解決するための7つのキーワードについて、SDGsと公民連携の視座から検討する	・「SDGs×公民連携」をテーマに、本書を通じて得られる視点について整理する

図1　本書の構成。第1章から終章に至る各段階で、自治体がSDGsを公民連携とかけあわせながら活用するためのポイントをまとめている

■注釈

注1　総務省・自治体戦略2040構想研究会「自治体戦略2040構想研究会 第二次報告」〈https://www.soumu.go.jp/main_content/000562117.pdf〉（最終アクセス：2021年8月12日）

目　次

SDGsを
公民連携に
活かすために

1 多様化する地域課題と SDGs

■ SDGs とは

　近年、自治体が対応する課題の中に、気候変動や海洋プラスチック汚染といった、1つの自治体だけでは解決できない地球規模の課題が加わっています。本書で扱う「持続可能な開発目標（Sustainable Development Goals：以下、ＳＤＧs）」は、その代表例です（図1）。

　SDGs は、2030 年を達成期限として、「貧困をなくそう（ゴール1）」や「飢餓をゼロに（ゴール2）」といった 17 の野心的なゴールを掲げたものです。ゴールには、それぞれの内容をより具体的に示した合計 169 のターゲットが付随しています。個々のゴールに紐づくターゲットの数は、ゴールによってバラつきがあり、最少はゴール7「エネルギーをみんなに そ

図1　世界共通の目標である SDGs は、2015 年 9 月に米国・ニューヨークの国連本部で開催された SDGs サミットにて、193 の国連加盟国の全会一致で採択された（出典：農林水産省ウェブサイト注1）

してクリーンに」と 13「気候変動に具体的な対策を」で、ターゲットは 5 個、最多はゴール 17「パートナーシップで目標を達成しよう」で、同 19 個です。

■ 社会における SDGs の広がり

SDGs の達成には、国連や各国政府だけでなく、企業や地方自治体、市民社会など、すべての人の参画が求められています。最近では多くの企業が SDGs を積極的に推進するようになり、メディアでも盛んに取り上げられています（図 2）。

朝日新聞社が 2017 年から継続して実施している認知度調査[注2] によると、「SDGs という言葉を聞いたことがあるか」という質問に対して「ある」と答えた人の割合は、東京都・神奈川県在住者を対象とした 2017 年 7 月時点（第 1 回調査）で 12.2％でしたが、第 7 回以降は、対象が全国に拡大されており、2021 年 12 月時点で認知度が 76.3％（第 8 回）に達しているとも発表されています。

また、政府による調査結果からは、自治体における SDGs への関心も徐々に高まりを見せていることが分かります（図 3）。

図 2　SDGs のロゴの 1 つ「カラーホイール」をかたどったカラフルな円形のピンバッチ。上着の胸元に付けたビジネスパーソンや自治体職員を見かけることも増えた

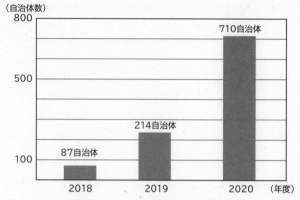

図3 SDGs達成に向けた取り組みを「推進している」と回答した自治体数を見ると、2018年時点でわずか87自治体だったものの、2年後の2020年には710自治体と急速にその数が増加している[注3]

　企業についても同様の傾向が見られます。Global Compact Network Japan（以下、GCNJ）と公益財団法人地球環境戦略研究機関（IGES）が、GCNJの会員企業・団体を対象に実施している調査結果[注4]によると、SDGs認知度について「経営陣に定着している」と回答した割合は2016年時点で27.9%でした。しかし、2018年に59.4%、2020年には85.1%と急速な伸びを見せています。

■SDGs推進に向けた政府の体制整備

　SDGsが採択されて以降、日本政府は体制整備を進めています。2016年5月には、「持続可能な開発目標（SDGs）推進本部」が閣議決定により設置されました。SDGs推進本部は、内閣総理大臣を本部長、すべての国務大臣が構成員とし、日本のSDGsの方向性を示す「持続可能な開発目標（SDGs）実施指針」や、アクションプランを決定しています。

　また、内閣府は「自治体によるSDGsの達成に向けた優れた取組を提案する都市[注5]」をSDGs未来都市として選定しており、4年間で124都市が選定されています。この制度が開始されたことで、自治体におけるSDGs

の関心は一層高まりました。選定された自治体のうち、特に先導的な取り組みは、「自治体SDGsモデル事業」にも選定され、上限2,700万円（2021年度）[注6] の補助金が交付されます。

---

2 SDGsの特徴とメリット

■ SDGsを活用するために知っておきたい2つの特徴

　こうした広がりを見せるSDGsを自治体で活用する上で重要なのが、「インターリンケージ」と「バックキャスティング」という2つの特徴です[注7]。

(1) インターリンケージ──SDGsのゴールやターゲット間のつながり

　SDGsの17あるゴールは、ゴール5「ジェンダー平等を実現しよう」であれば男女共同参画課、ゴール15「陸の豊かさも守ろう」であれば環境政策課……といったように、一見すると自治体の各部署と同じく、分野ごとに独立しているように感じられるかもしれません。

　しかし、SDGsのゴールやターゲットは相互に影響し合っています。例えば、自治体による道路などのインフラ整備はゴール9「産業と技術革新の基盤をつくろう」に貢献する取り組みです。さらに、これによりバスの新路線が開通し、住民の公共交通機関へのアクセスが高まれば、ゴール11「住み続けられるまちづくりを」の達成にも相乗効果（シナジー）をもたらします。

　一方で、道路整備を行う際に林野を切り拓いたことで、その土地特有の生物多様性が失われてしまったとすれば、ゴール15「陸の豊かさも守ろう」の達成度は後退することになります。

　このように、1つのゴールの達成に向けた行動が、そのほかのゴールの達成を妨げてしまうこと（トレードオフ）をはじめとするSDGsのゴール

やターゲット間のつながりを「インターリンケージ」と呼びます。

　政策を検討する際に、SDGsが備えるインターリンケージという特徴を踏まえ、できる限り多くの相乗効果をもたらし、できる限りトレードオフを少なく抑えた政策・施策・事務事業を検討できれば、SDGs達成だけでなく政策の質自体を向上させることができます。

（2）バックキャスティング──高い目標から逆算するアプローチ

　次に、目標から逆算して達成を目指す「バックキャスティング」という考え方をご紹介します。

　初めに目標を設定し、その達成に向けて何をすべきか逆算して考えるアプローチは、施策や事務事業ごとにKPI（重要業績評価指標）を設定している自治体にとっては馴染みがあるかもしれません。しかし、設定する目標を「ほぼ確実に達成が見込まれる高さ」にしてはいないでしょうか。

　例えば、とある市営施設において、前年度の1日当たり平均利用者数が100人だったとして、新年度の目標を設定する場合を考えてみましょう。ここで前年度が100人だったから新年度は110人、とする考え方は、前年度の実績から実現可能性を無意識のうちに予測し、目標値を決定しようとするものです。単に前年度の取り組みの延長線上に新年度の取り組みを位置づけているため、状況に大きな変化は起こりません。

　この目標を決定する上で本来必要なのは、「そもそも当該市営施設の適正な平均利用者数は何人なのか」の検討です。そして、結果として非常に高い目標を設定しなくてはならない場合、これまでになかった新しい解決策の検討が求められます。ここに、SDGs達成を念頭に置いた公民連携により、政策の質を向上させる大きな分岐点があります。

　SDGsのゴール自体が、世界から貧困を撲滅する（ゴール1）、世界中の飢餓をゼロにする（ゴール2）といった非常に高い目標を掲げています。その達成には困難が伴いますが、だからこそ従来は検討しなかった民間企業

との連携などの新たな方策を練るきっかけになり得るのです。

■ SDGs が公民連携を加速する

　それでは、自治体や地域にとって、SDGs は一体どんな役に立つのでしょうか。ここでは、SDGs が自治体や地域社会にもたらすメリットを 3 つご紹介します。

(1) 庁外の基準で現状を見つめ直せる

　自治体はもともと、地域の課題を分析し、それを基にして優先的に取り組むべき課題を設定しています。もし事前になるべく多くの課題を把握できていれば、新型コロナウイルス感染症のような事前の想定が難しい問題についても、準備の時間を確保できます。

　その点でSDGsは、世界中で発生している課題とその解決の方向性をま

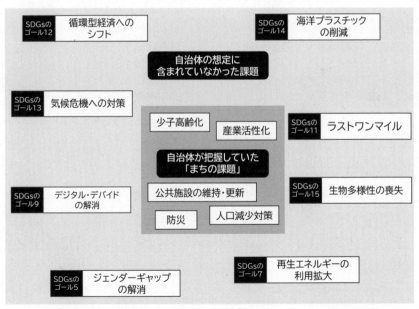

図4　SDGs を活用すれば、これまで捉えきれていなかったまちの課題も確認できる

とめた「一覧表」のように捉えることができます。自治体はSDGsを使って、自分たちの地域で発生していながら十分に課題として認識できていなかった事柄や、今後自分たちの地域でも重要性を増す可能性のある課題などを確認できます（図4）。

　十分に顕在化されていなかった「まちの課題」を庁外の視点で捕捉できれば、課題が深刻化する前に対策を講じられるでしょう。その際に、自治体だけで完結できる対策の検討に終始せず、高く設定した目標の達成に向けた庁外の主体との連携も検討することが重要です。

　また、多様な分野を包括するSDGsの17のゴールを用いて既存の施策を確認することで、各ゴールで示されている課題の解決に向けた取り組みの現状も理解できるはずです。そして、課題解決の達成度合いと、既存施策の数や予算配分を重ね合わせれば、どの分野に関する取り組みが十分、もしくは不十分なのか可視化することも可能です。

　こうした分析により、自治体の施策全体のバランスを俯瞰的に検討できるだけでなく、既存施策の強化や新規施策の立案の必要があるかを見極めることにもつながります。

(2) 前提にある課題と目標を多くの人で共有できる

　市内の自然環境が破壊されているので、もっと環境保護を進めなければ。地域経済が衰退しているので、経済成長を加速させるべきだ。日常生活で車椅子が欠かせないので、市内のバリアフリー化を進めたい——。このような「実感している地域課題」と「実現したいまちの姿」は、自治体職員だけでなく、住民誰しもが感じているのではないでしょうか。

　とはいえ、置かれている立場や状況はそれぞれ異なるので、課題認識や目標の方向性はバラバラです。同様に公民連携の現場においても、行政側と企業側で認識を共有できているように思えても、実際は課題感が微妙にズレていたり、異なった目標をイメージして事業を進めてしまったりする

ことが起こりがちです。

　このような状況を改善するために、世界193の国で共通する目標である
SDGsは、いわば「共通言語」の役割を果たします。互いに共通するSDGs
の枠組みの中で整理することで、どのような背景が前提にあって課題が発
生しているのか、認識を共有しやすくなります。

　SDGsという目標が明確に共有できれば、各主体が進む方向や、解決ま
での時間感覚などを主体間で揃えることができます。そして目標とその期
限を共有できれば、達成に向けた方策を異なる主体が協力して考えること
も可能です。つまり、SDGsには公民連携のような多様な主体間の連携を
促す性質があるのです。

（3）分野横断的な解決策を検討できる

　これまでも自治体は、「目指すまちの姿」を住民に示していました。しか
し、「みんなが笑顔で暮らせるまち」や「快適に暮らせる安心・安全のま
ち」といった抽象度の高い目標ばかりが掲げられ、「いつまでに、何を、ど
うするか」が、具体的に示されてこなかったケースも少なくないはずです。

　SDGsの各ゴールに付随するターゲットを見ると、「いつまでに、何を、
どうするか」が示されています。例えばターゲット1.2なら、「2030年ま
でに、各国定義によるあらゆる次元の貧困状態にある、全ての年齢の男性、
女性、子供の割合を半減させる」です。

　このような「いつまでに、何を、どうするか」の解像度が高い目標を多
様な主体間で共有できれば、特定の分野にとらわれず、それぞれの強みを
出し合った課題解決を図ることができます。

　その際、前述のインターリンケージを理解することも重要です。例えば、
「環境の目標だから、環境部署や環境団体で検討しよう」と領域で縦割りに
するのではなく、環境を専門にしていない部署や庁外の主体も交えながら、
それぞれが貢献できることを考えることが必要なのです。こうした多様な

主体の連携を「マルチステークホルダー・パートナーシップ」と呼びます。

3 行政・民間・地域の課題解決に貢献する「公民連携」

■ SDGs を推進するために必要な「公民連携」

　SDGs のゴール 17「パートナーシップで目標を達成しよう」に紐づく
ターゲットには、SDGs 達成に向けた様々な主体による連携の重要性が掲
げられています。例えば、「マルチステークホルダー・パートナーシップの
重要性（ターゲット 17.16）」や「公的、官民、市民社会のパートナーシッ
プを奨励・推進（ターゲット 17.17）」などです。

　スウェーデンの環境学者であるヨハン・ロックストローム氏らが提示し

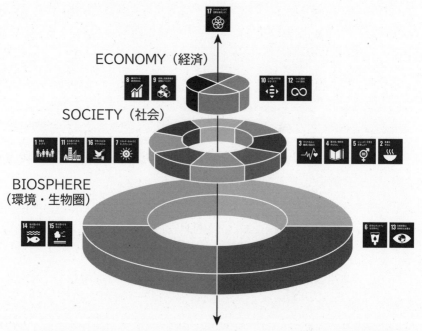

図5　「SDGs ウェディングケーキ」モデルを見ると、パートナーシップが三側面をつ
ないでいることがわかる（出典：Stockholm Resilience Centre 資料をもとに筆者作成）

た「SDGsウェディングケーキ」と呼ばれるモデルでも、経済・社会・環境の3つの側面を、SDGsのゴール17が上下双方向に貫き、それぞれの側面をつなぐ役割を果たしています（図5）。

上段の「経済」の側面には、SDGsのゴール8などの4つのゴールが割り当てられていますが、ゴール3「すべての人に健康と福祉を」などで構成される「社会」の側面が整っていなければ、質の高い経済を実現することはできません。

同様に、「社会」の側面を「環境」の側面が支えています。例えば、「環境」の側面にあたる大気汚染（ゴール13）や生態系の破壊（ゴール15）が発生していては、ゴール3で掲げられている健康な生活を送ることができませんし、「社会」の側面が成り立ちません。

実際に、前述のSDGs未来都市に選定された自治体のSDGs未来都市計画を見ると、それぞれの地域課題を分析し、経済・社会・環境の3つの側面を一体的に捉えた提案を行っていることが分かります。

対応する課題の分野に応じて反射的に所管部署を整理し、その部署のみで具体的な取り組みを検討しがちな自治体では、他の側面に留意した発想が出なかったり、打ち手のアイデアが限られたりしてしまいます。こうした状況は「縦割り」と呼ばれてしばしば批判の対象となっていますが、そういったときに民間企業や団体と連携することで、行政内部の組織編成に縛られない、新たな発想を生み出す可能性が生まれます。

2017年にニューヨークの国連本部で開催されたハイレベル政治フォーラム[注8]では、岸田文雄外務大臣（当時）とともに、"Pen-Pineapple-Apple-Pen（PPAP）"のパフォーマンスで世界的に知られたアーティスト、ピコ太郎氏が日本政府主催のレセプションに登壇し、PPAPの音楽に乗せて"Public Private Action for Partnership（PPAP）"のパフォーマンスを実施。日本政府が、官民連携パートナーシップでのSDGsの拡充・強化を重要視していることを世界中にアピールしました。

また、2019年12月に日本政府が発表した「SDGs実施指針改訂版」でも、「日本においても2030アジェンダの実施、モニタリング、フォローアップ・レビューに当たっては、省庁間や国と自治体の壁を越え、公共セクターと民間セクターの垣根も越えた形で、広範なステークホルダーとの連携を推進していくことが必要である」と記載されており、SDGsの文脈における公民連携の重要性が強調されています。

このように、政府・自治体と民間企業・団体等との連携は、SDGs達成の重要なアプローチとして推進されているのです。

■ 地方創生SDGs官民連携プラットフォーム

こうした動きを受け、内閣府は、SDGsの国内実施を促進し、より一層の地方創生につなげることを目的として、2018年に「地方創生SDGs官民連携プラットフォーム」を設置しています[注9]。2021年11月末現在で、会員数は6,112団体（内訳：都道府県・市区町村1,024団体、関係省庁16省庁、民間団体5,072団体）と官民双方から多数の団体等が参画しています。

「地方創生SDGs官民連携プラットフォーム」の会員には、普及促進活動、マッチング支援、分科会開催という3つのメリットがあります。

また、「地方創生SDGs官民連携プラットフォーム」では、「地方創生SDGs官民連携優良事例」の表彰も実施しています。本書では、2020年度に優良事例として表彰された5事例の中から、2章で石川県金沢市と株式会社地方グリーンプロジェクト支援研究所による「北陸地域地方公共団体完全LED化包括事業」（事例3）と、滋賀県と県内企業による「滋賀SDGs×イノベーションハブ」（事例6）をご紹介します。

■多様な「公民連携」のカタチ

次章以降で紹介するように、持続可能なまちづくりに向けた公民連携に

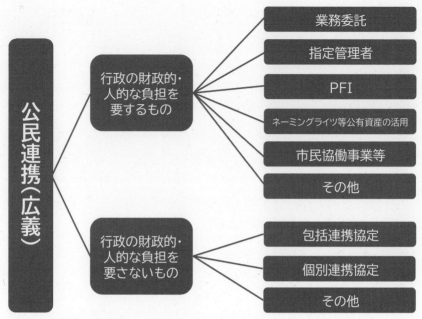

図6　公民連携の分類（出典：「富田林市公民連携デスクガイドライン」を参考に筆者作成）

も様々なアプローチがあります（図6）。

　まず、行政の財政的・人的な負担を要するものとして、業務委託や指定管理者制度、PFI（Private-Finance-Initiative）、ネーミングライツ等の公有資産の活用などが挙げられます。一方、行政の財政的・人的な負担を要しないものとして、包括連携協定や個別業務連携協定などが挙げられます。　本書では、金沢市と株式会社地方グリーンプロジェクト支援研究所の連携（事例3）は委託契約、上勝町と株式会社 BIG EYE COMPANYの連携（事例9）は指定管理者制度、神奈川県鎌倉市× WOTA 株式会社の連携（事例1）は包括連携協定といったように、それぞれどういった公民連携のアプローチで実施されているかにも言及しています。多様な連携のパターンを知ることで、実際に公民連携の方策を検討する際に参考になるはずです。

■注釈

注1　農林水産省「『SDGs ×食品産業』よくある質問」〈https://www.maff.go.jp/j/shokusan/sdgs/sdgs_faq.html〉（最終アクセス：2021 年 6 月 10 日）

注2　朝日新聞社ウェブサイト「【SDGs 認知度調査 第 7 回報告】SDGs「聞いたことがある」約 5 割」〈https://miraimedia.asahi.com/sdgs_survey07/〉（最終アクセス：2021 年 9 月 19 日）

注3　内閣府 自治体 SDGs 推進評価・調査検討会「令和 2 年度 SDGs に関する全国アンケート調査結果（案）」〈https://www.chisou.go.jp/tiiki/kankyo/kaigi/dai31/sdgs_hyoka31_shiryo3-1.pdf〉（最終アクセス：2021 年 9 月 18 日）

注4　Global Compat Network Japan と公益財団法人地球環境戦略研究機関（2021）「コロナ禍を克服する SDGs とビジネス〜日本における企業・団体の取組み現場から〜」p.8

注5　内閣府「令和 3 年度 SDGs 未来都市・自治体 SDGs モデル事業について（別紙 1）」〈https://www.chisou.go.jp/tiiki/kankyo/teian/2021sdgs_pdf/05_puresuissiki.pdf〉（最終アクセス：2021 年 6 月 10 日）

注6　2018 年度は上限 4,000 万円、2019 年度、2020 年度は上限 3,000 万円

注7　いずれも詳しい説明は、『SDGs ×自治体　実践ガイドブック　現場で活かせる知識と手法』（学芸出版社）を参照のこと

注8　外務省ウェブサイト「岸田外務大臣の持続可能な開発のための国連ハイレベル政治フォーラム（HLPF）等 出 席」〈https://www.mofa.go.jp/mofaj/ic/gic/page1_000359.html〉（最終アクセス：2021 年 9 月 19 日）

注9　内閣府ウェブサイト「地方創生 SDGs 官民連携プラットフォーム」〈https://future-city.go.jp/platform/〉（最終アクセス：2022 年 1 月 8 日）

■参考文献

1.　外務省（2019）「SDGs 実施指針改訂版」〈https://www.kantei.go.jp/jp/singi/sdgs/pdf/jisshi_shishin_r011220.pdf〉（最終アクセス日：2020 年 8 月 25 日）

2.　内閣府（2019）「まち・ひと・しごと創生総合戦略（2018 改訂版）」〈https://www.kantei.go.jp/jp/singi/sousei/meeting/honbukaigou/h30-12-21-shiryou1.pdf〉（最終アクセス日：2020 年 8 月 25 日）

3.　高木超（2020）『まちの未来を描く！自治体の SDGs』学陽書房

自治体の SDGs 推進に重要な役割を果たす内閣府地方創生推進事務局。事務局長の青木由行さんに、自治体が SDGs を進めていくために必要なことや、公民連携の重要性についてお話を伺いました。

はじめに、内閣府がどのように SDGs を推進しているか教えてください。

　地方創生とは、人口減少を克服し、地方の活力を維持・発展させることを目指す施策です。そのため、自治体が「誰一人取り残されない」社会の実現を目指して、SDGs の達成に向けて取り組むことは地方創生に資するものです。

　内閣府地方創生推進事務局では、SDGs の理念に沿って優れた取組を提案する自治体を「SDGs 未来都市」として選定し、その中で特に先導的な取組を「自治体 SDGs モデル事業」として補助金による支援を行い、成功事例の普及を行っています。

　また、自治体と多様な民間主体との連携を促進する観点から「地方創生SDGs 官民連携プラットフォーム」を創設し、地域課題解決や SDGs の達成に向けた官民のマッチングを図っています。これらに加え、自治体と金融機関との連携による地域事業者への支援の促進など、ステークホルダーの連携によって金融面から SDGs 達成を推進する「地方創生 SDGs 金融」も進めています。

宮崎県や鳥取県で地方行政に携わった経験を持つ青木由行さん

「SDGs を原動力とした地方創生」を推進する上で、自治体には SDGs をどのように活用していくことが求められますか？

　自治体の仕事は公益を目的としており、17 ある SDGs の目標のいずれかに該当するものがほとんどですが、SDGs は経済・社会・環境の三側面へ

の統合的な取り組みを求めているため、次の3つの視点が得られます。

1点目は、これまで取り組んできた施策に多様な意義があると気づけることです。このことは、さらに多方面に効果が増幅するよう工夫することにつながります。

2点目は、他の施策とのつながりに気づき、相乗効果やトレードオフを意識することです。これは、政策全体の総合的な効果を高めることにつながります。

3点目は、中長期的に見ることで、施策の思わぬ副作用に気づき、時間軸を意識した施策展開を志向することです。

また、バックキャスティングの考え方を地域政策に活用することも有効です。ただし、状況が変化する中では、目標や施策展開を硬直化させないことにも留意が必要です。

行政は、批判を受けることや、そのリスクに過剰反応しがちですが、多くの人の共感、行動、連携を喚起するSDGsの「旗」を立てて、前向きに動いてほしいと思います。

先進的な自治体を見ると、首長が関わって定めたSDGsの取り組みの方向性や戦略が、きちんと現場の職員まで腑に落ちているように思います。そういった自治体では、職員自身が新しいことを提案し、多くの主体を巻き込んで、さらに先のステージに進んでいるような印象があります。

自治体でのSDGsの推進における官民連携の必要性についてどうお考えですか?

近年では、デジタル化の進展によって多くの情報が共有可能になったことや、その影響が多面的かつ広範に及ぶといった環境の変化が見られるため、すべての行政分野において公民連携は重要になっています。公民連携を進めるうえで、すでに多くの主体がSDGsにコミットしている状況を活かさない手はないでしょう。

一方で、自治体は地域課題を把握しているものの、民間事業者のノウハウや技術をどのように活用すればよいか分からず、優良事例を表面的に移入しようとして、成功に至らないケースも見られます。民間事業者も、地域課題に精通していないことから的確な提案とならないことがあったり、行政の財政的制約や議会・住民への説明責任を理解できないこともあったりします。こうした状況を打開するために、官と民が互いをよく知り、特徴を活かしたマッチングを進めていくことが重要です。

ポストコロナにおける自治体でのSDGsの推進に向けて、注目しているキーワードやテーマはありますか?

1つ目は「デジタル」です。岸田内

閣では、新しい資本主義の実現に向けた成長戦略として、地方を活性化し、世界とつながる「デジタル田園都市国家構想」を掲げています。地域におけるデジタルの実装による課題解決を目指すもので、SDGs を地域で推進するには欠かせません。コロナ禍でテレワークも進み、デジタルの活用領域は飛躍的に広がりました。その中で、オンラインの長所、可能性、限界に加え、リアルな交流、リアルな空間の重要性も改めて認識されています。これからは「デジタルとリアルの融合」が重要なテーマになるのではないでしょうか。

　2 つ目は、「寛容性と多様性」です。SDGs の主要原則でもある包摂性や参画型に照らしても、多様な主体が思いを共有して取り組みを進めるにも、地域社会の寛容性と多様性を高めることが必要です。

　3 つ目に、「ローカルファースト」という価値観が重要になってくると思います。デジタル化の進展でどこでも大抵のものは手に入るようになった分、「いまだけ、ここだけ、あなただけ」の消費者ニーズが拡大し、地元もローカルの良さを認識し、質を上げる取組みをしています。地方創生 SDGs では、多様な主体が地域課題を「自分ごと」として関わることが大切です。ローカルファーストな価値観を持った人々が増えることは、魅力的なまちづくりにつながると思います。

国連は 2020 年からの 10 年を「行動の 10 年」と位置づけています。今後、どんな取り組みを自治体に期待しますか？

　内閣府では、地方創生 SDGs に取り組む自治体の割合を 2024 年までに60% とする目標を掲げています。2021 年度には 52.1% まで拡大しており、さらに多くの自治体に具体的な行動を進めていただきたいと考えています。

　また、データを活用して、多くの人々を巻き込む魅力的な物語を描いて、さらにたくさんの人の行動を喚起してほしいと思います。現在のような先行きの不透明な時代には、「木（それぞれの現場の行動）」を見て、「森（行動の集積が描く大きな流れの物語）」を見て、再度「木」を見ることを繰り返すことが重要です。具体的なデータを多くの主体で共有することには、当事者としての主体的な提案や行動を喚起する力があります。ただし、目標数値の設定が過剰に自己目的化して、オーバーランニング、オーバーアナリシス、オーバーマネジメントに陥ることがないように留意することも必要です。

　最後に、ローカルファーストの視点で物語を紡いでいけば、現在の常識とされている価値観やルールを変えることにつながります。地方から日本の常識を変え、未来を切り開く取り組みが出てくることを期待しています。

　SDGs を直接担当する企画部門や環境部門といった部署だけでなく、広く庁内全体に SDGs を浸透させることは、自治体が SDGs を推進する上で直面する課題の 1 つと考えられます。

　その解決に向けて、担当部署は有識者を招いた講演会や、研修の開催を企画することが多いですが、「カードゲームを活用した体験型の研修」を行うことも検討してはいかがでしょうか。

　今回は、前著[注1] でも取り上げた「SDGs de 地方創生カードゲーム（以下、SDGs de 地方創生）」を公民連携の視点から、さらに詳しくご紹介します。

SDGs de 地方創生カードゲームとは

●ゲームの全体像

　「SDGs de 地方創生」は、現在から 12 年後までを見据え、SDGs の観点を用いたまちづくりを体感できるシミュレーション型のカードゲームです。最小で 6 人、最大で 48 人まで参加できます[注2]。

　参加者は、仮想のまちの住民となって、それぞれが行政職員、一次産業従事者、商店主などの役割を与えられます。現実世界と同じように、各参加者 1 人ひとりにも「個人のゴール」が設定されており、参加者は配布されたカードに記載された「個人のゴール」の達成に向けてゲームを進めます。

●使用するカード等の種類

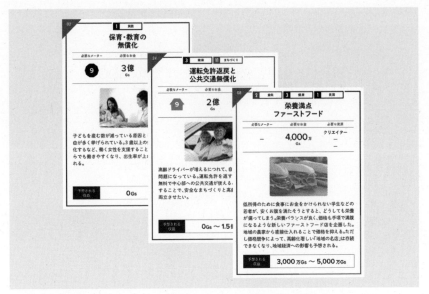

図1　多彩なプロジェクトカード（提供：SDGs de 地方創生運営事務局）

・**プレイヤーカード**：参加者それぞれが達成を目指す事柄が記載されている（例：「平和で幸せを感じるまちづくり」）。併せて、その達成に必要な条件（例：「1.貧困」「16.平和」を4件以上自ら実現する）も記載されている。

・**プロジェクトカード**：まちづくりに向けた活動が記載されている（例：「保育・教育の無償化」）。必要な資源とお金も併記されている。

・**資源カード**：重要な地域資源を表すカード（例：「クリエイター」）。

・**成果カード**：プロジェクトを実施した際に事務局（ファシリテーター）から受け取る「成果」となるカード。「地域の状況メーター」の変化に関する指示や、成果報酬としてもらえるカードの種類などが書いてある。

・**お金**：プロジェクトの実施等に必要な資金。単位は「Gs（ジーズ）」。

●ゲームの進め方

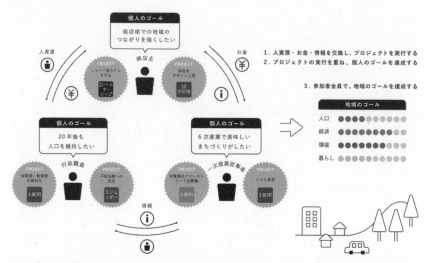

図2 ゲームの流れ（提供：SDGs de 地方創生運営事務局）

　大まかには、次の流れでゲームを進めていきます。地域の状況メーター
は、参加者が1つのプロジェクトを実行する度に変化していきます。

1. お金、人、資源、情報等を集めて、プロジェクトを実行する
2. 個人のゴールを達成する
3. 参加者が協力して、地域のゴールを達成する

　「SDGs de 地方創生」では、自分の目標の達成だけを優先しようとする
と、「人口」「経済」「環境」「暮らし」といった社会的な状況に悪影響を及
ぼしてしまったり、住民の間に分断を生んでしまったりします。そうする
と、人口減少などが加速し、まちは衰退の一途をたどってしまいます。そ
れだけではなく、社会的な状況が悪化することで、参加者個人の目標の達
成も困難になります。

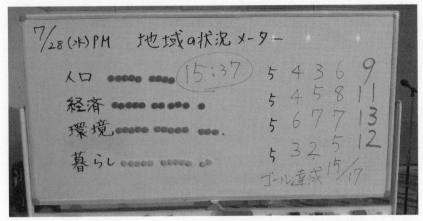

図3　参加者は「地域の状況メーター」で現状を把握する（提供：竹田法信さん）

　一方で、住民同士が協力することで、前述の社会的な状況や個人の目標も達成に近づくように設計されています。なお、こうした「人口」「経済」「環境」「暮らし」の変化は、ファシリテーターがホワイトボード等に4色のマグネットで掲示し、これを「地域の状況メーター」と呼びます。

●カードゲームを通じて学べる「分断」の存在

　このように、「SDGs de 地方創生」では「分断」が発生することがまちの持続可能性を損なうことを体感できるのです。裏を返せば、行政と企業、行政と市民団体といった公民連携が、持続可能性を高める1つの解決策になります。

　「SDGs de 地方創生」を開発した株式会社プロジェクトデザインのブランドマネージャー、竹田法信さんは、「自治体や企業、団体など、まちづくりに関わる主体にはそれぞれ得意分野があるので、その主体だからこそできる役割を果たすことが重要です。そこで、行政職員は、民間との連携に必要な『民間の立場からの考え方』について、カードゲームを通じて学ぶことができます」と話します。

立場が異なれば、見える景色やものごとの進め方も大きく異なります。実際の業務で公民連携に取り組む前段階として、ゲームを通じてシミュレーションを行えることは、公民連携を進める上でメリットとなるのではないでしょうか。

　「例えば、多様性に満ちたまちづくりや、ジェンダー平等を実現するためには『相手の靴を履く（相手の立場に立つ）』ことが重要です。自分と違う意見を持つ人を理解するために、その人になりきって考えることが、公民連携を加速させるアプローチの1つだと思います」と竹田さんは続けます。

　ゲームを通じて、こうした他者の視点に立つことができることはもちろん、他者と連携する楽しさに気づくこともできるでしょう。

ゲームを通じて養われる公民連携の視点

●「待ちの姿勢」から「行動を起こす」へ

　竹田さんは、ファシリテーターとしてゲームを実施する際に、参加者から「行政は、テーブルに座っているだけではいけないということに気づいた」といったコメントが寄せられると言います。

　行政は、市民から税金が納付されたり、国から補助金が交付されたりするので、ともすると「待ち」の姿勢になってしまいます。すると、補助金

図4　竹田法信さんはカードゲームのファシリテーター養成も担う （提供：ご本人）

の交付の有無などを前提に考えるようになってしまい、「予算がないこと」を事業が実施できない理由にして、必要な行動を起こさないまま時間が過ぎていきます。

　一方で竹田さんによれば、「SDGs de 地方創生」でも、行政職員の役割を与えられた参加者（プレイヤー）が、まちを回って、ほかのプレイヤーの目標や、必要な要素を積極的に聞き出したり、複数のプレイヤー同士をつないで目標達成を支援するような行動をとったりすると、うまくゲームが進むそうです。また住民側も「行政のプレイヤーがこちらに来るべきだ」と待ちの姿勢を続けているとうまくいかないとのこと。互いの歩み寄りが必要な点には、現実世界の実情がうまく反映されています。

　自身も富山市職員だった竹田さんは、「ゲームでも現実世界でも、行政職員が役所の名刺を持って、まちに出ていくことが公民連携の第一歩です」と話します。

●研修を通じて、自治体職員に変化をもたらす

　実際に、このカードゲームに参加した亀岡市（京都府）職員の辻慎太郎さんは「商店主の立場からゲームに参加してみて、行政の存在を客観視できました。行政が地域の状況を見える化し、対話の機会を設けることで、公民連携はさらに加速すると思いました」と話します。

　「カードゲーム」という表現から、自治体の研修として実施することに難しさを感じる人もいるかもしれませんが、「SDGs de 地方創生」は、すでに富山市をはじめとした自治体や、全国市町村国際文化研修所（JIAM）といった広域の市町村職員研修でも実施されている実績があります。この機会に、職員間のコミュニケーションの機会を増やす目的も併せて実施されてはいかがでしょうか。

図5 開催されたカードゲームの様子。職員も立ち上がってゲームに没頭していることが見て取れる（提供：辻慎太郎さん（亀岡市職員））

　竹田さんは「水滴1つでは小さな変化かもしれませんが、自分の思考や行動の変容を通じて小さな波紋を生み出すことで、みんなが小さな波紋をつくれば、大きな変化を生み出すことができます。公民連携に向けた小さな一歩を踏み出すことで、実際に起こすことができる変化を、ゲームを通じて体感してもらえたら嬉しいです」と力強いメッセージをくれました。

■注釈
注1　高木超（2020）『SDGs×自治体　実践ガイドブック　現場で活かせる知識と手法』
　　pp.29～48を参照のこと
注2　複数のカードキットを用いることで、100人以上でも実施できる
■参考資料
1.　SDGs de 地方創生運営事務局ウェブサイト〈https://sdgslocal. jp/〉（最終アクセス：2021年8月8日）

2 章

実践から学ぶ
SDGs×公民連携

事例 1 循環型水利用システムによる都市公衆衛生の向上

神奈川県鎌倉市 × WOTA 株式会社

鎌倉市

1 限りある資源としての水と SDGs

■目標達成まで遠い道のりにある水へのアクセス

「水」。それが限りある資源だということを、日本で暮らす私たちが実感する機会はあまりないのかもしれません。日本の年間降水量は世界平均の倍以上、高度経済成長期に整備された水道インフラのおかげで、蛇口を捻れば安心して飲める水が流れ出てきます。

しかし、世界ではこうした状況は当たり前ではないのです。国連児童基金（UNICEF）によると、世界で 22 億人が安全に管理された飲み水を使用することができず、このうち 1 億 4,400 万人は、湖や河川、用水路などの未処理の地表水を使用していると言われています（2017 年時点）[注1]。

これらは、SDGs のゴール 6「安全な水とトイレを世界中に」に関わり

が深い課題です（図1）。さらにこの度の新型コロナウイルスの感染拡大により、最も安価な予防手段である、水と石鹸による手洗いの重要性が見直されています。これは特に、ゴール6に付随するターゲット6.2「2030年までに、全ての人々の、適切かつ平等な下水施設・衛生施設へのアクセスを達成し、野外での排泄をなくす。女性及び女児、並びに脆弱な立場にある人々のニーズに特に注意を払う」に直結する問題です。その進捗を測る指標6.2.1では「石けんや水のある手洗い場を利用する人口の割合」が設定されています。国連児童基金の発表によると、世界で30億人が水と石鹸で手を洗う設備が自宅にないと言われ、世界人口の約4割にものぼる[注2]ことから（2017年時点）、その達成は遠い道のりです。

■先進国である日本でも例外ではない水をめぐる問題

　一見すると、インフラの整っていない開発途上国だけの問題のようにも思えるゴール6ですが、「水」という資源を持続可能に利用していく上で、実は日本の自治体が直面している課題も少なくありません。安全で安心できる水の供給に対する懸念は、日本の自治体にとっても重要な問題です。

　例えば、基幹的な水道管のうち耐震性のある管路の割合は、40.3%（2018年時点）にとどまります。災害時に水道管が破損してしまった場合、生活に欠かせない水が使えなくなる可能性もあります。また仮にコロナ禍の最中に災害に見舞われた場合、十分な手洗いのできる環境が整わない避難所では、感染が拡大してしまうことも想定されます。

　こうした状況の解決に向けては、耐震管の整備を含め、高度経済成長期

図1　SDGsのゴール6「安全な水とトイレを世界中に」
（出典：国連広報センター[注3]）

に整備された水道管の更新が必要です。しかし、人口減少や節水技術の向上等による水道収入の減少により、それらを一気に更新することは叶いません。ここでは、こうした課題の解決に公民共創で取り組んでいる鎌倉市の事例をご紹介しましょう。

❷ 水資源のサステナブルな利用への公共ニーズ

■市民・事業者と「共創」する鎌倉市

　鎌倉市は神奈川県の南部に位置し、相模湾に面した湘南地域の自治体としてよく知られています。かつては鎌倉幕府が開かれ、寺社仏閣や歴史ある邸宅も残っていることから関東屈指の観光地としても有名です。現在では人口約17万3千人（2020年11月現在）が暮らし、JR横須賀線が走っていることから都心への通勤者も多く、ベッドタウンとしての側面も備えています。

　鎌倉市は複雑化する社会課題に対応するため、多様なステークホルダーと連携して新たな価値を生み出す「共創」に早くから取り組んできました。SDGsの推進においても、2018年のSDGs未来都市、さらに自治体SDGsモデル事業にも選定され、その取り組みは先駆的です。もちろん、SDGsの推進においても市民や事業者との共創が土台にあります。

　市の企画部門は「共生共創部」と名付けられ、SDGsの推進も共生共創部が担当しています。総合計画の改定時には、毎回50名ほどが参加する市民参加型のワークショップを4回にわたって開催し、SDGsを意識しながら2030年の理想の鎌倉市の姿を市民とともに描いた上で、計画策定時に反映させています。総合計画の策定にここまで多くの市民が関わる例は全国的にも決して多くはなく、市を挙げてSDGsに取り組む姿勢が明確に見て取れます。ほかにも、古民家を活用した共創のための空間を市内に設

けるなど、その事例は枚挙にいとまがありません。

■災害時の衛生を守る自律分散型水循環システム「WOTA BOX」

そんな鎌倉市と、「水」の持続可能な利用に向けて連携するのが、WOTA株式会社（以降、WOTA）です。WOTAは、2014年に設立された東大発のベンチャー企業で、"人と水の、あらゆる制約をなくす。"を企業の存在意義に掲げて、水循環を用いた小規模分散型水インフラの構築に取り組んでいます。

特に世界中から注目を集めているのは、自律分散型水循環システム「WOTA BOX」の開発です。これは、行政が管理する水処理場を10万分の1のサイズで持ち運べるようにした装置で、排水をろ過して繰り返し循環させることにより、100リットルの水で約100回のシャワー入浴ができ、排水量を通常の50分の1以下に抑えることもできるといいます。配管工事が不要で、電源を確保できれば短時間での設置も可能なことから、災害時に活躍しています。WOTAによると、稼働時の消費電力も500Wと、コーヒーメーカーと同じくらいの電力消費だといいます。

代表取締役CEOを務める前田瑶介さんは、こうした水循環を用いたシステム開発のきっかけとして2011年の東日本大震災時の体験を振り返り、「発災時は、都内の知人宅に滞在中で、大規模な断水がありました。水は数日なくなるだけで生命活動に関わる必要不可欠なものです。しかし、水道局が管理する大きなシステムに依存しているため、生活者レベルでのトラブルシューティングがないことに、問題意識を感じました」と語ります。自然災害などで水道インフラがいったん被害を受けると、行政による復旧を待たなければならないことを課題として痛感したそうです。
「2018年の西日本豪雨の際には、岡山県倉敷市の真備町にある避難所で1週間入浴できない状態が続いていると耳にし、WOTA BOXの試作機を提供すべく、2カ所の避難所に伺いました。発災から2週間近く経過した頃

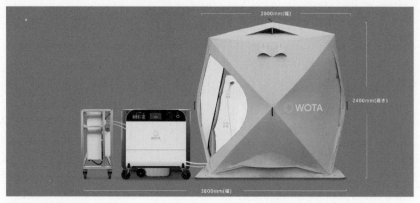

図2　WOTA BOX（中央）と屋外用シャワーキット（右）(提供：WOTA)

で、飲料水は確保されていましたが、入浴など衛生のために使用できる水がないことに気づきました。防災備蓄品などは災害対策基本法に従って自治体で入念に用意されていますが、準備できる範囲にも限界があるのです。」

　実際に災害の現地に足を運びながら改良を重ねた WOTA は、WOTA BOX と災害時の入浴支援に必要な「給湯・シャワー空間・脱衣空間」をパッケージ化して、主に自治体向けに提供しています。全体の大きさは、すべてのキットを展開した状態で高さ 2.4m、幅 3.8m とコンパクト（WOTA BOX・テント等を含む）。WOTA BOX 自体の重量は、乾燥状態で 82kg ありますが、車輪が付いているため移動も楽に行えます（図 2）。

■自治体のニーズを汲み取った開発と連携

　こうした支援状況がテレビ放送や SNS などを通じて拡散され、全国の自治体から注目を集めることとなりました。前田さんは鎌倉市との連携のきっかけについて、次のように振り返ります。

「2018 年 11 月から、SDGs の推進を旗印に神奈川県と弊社が連携を開始しました。その中で、黒岩祐治知事から県内海岸での排水問題について話を伺い、鎌倉の由比ヶ浜をはじめとした海岸について何かできないかと考

えはじめました。鎌倉市内の海水浴場は、夏には多くの海水浴客で賑わう重要な観光資源ですので、排水問題の解決を通じてSDGsにも貢献できると考え、鎌倉市の松尾市長とお話をして、2019年夏に材木座海水浴場の海の家にWOTA BOXを試験的に設置し、海水浴客が使用するシャワーの水利用及び排水量の削減を行いました。」

　また、2019年9月の台風19号によって道路の損壊や倒木などの被害が鎌倉市内で発生した際には、停電・断水が長期化していた地区に開設された避難所に対し、WOTA BOXと屋外シャワーキットがWOTAより提供されています。

　WOTAは鎌倉市と2019年11月に「環境・防災まちづくり及び災害時の対応等についての包括連携協定」を締結し、災害時の対応について連携しています。各地の自治体がWOTA BOXをすでに導入しており、災害時に自治体間のネットワークで融通し合う体制も目指しています。

　WOTAでは、発災後数日で現地入りして情報収集を行い、避難所の状況を性格に把握することで、どのくらいの規模の対応が必要か分析することにも取り組んでいるといいます。

「2019年の台風19号で長野県の避難所に伺った際に、水回りが"拠点化"することに気づきました。通常は支援物資として送られた化粧水やシャンプー、そしてタオルが別々に届いても、どこに配置するか判断に困り、結局活用されないというケースもあったのに対し、WOTA BOXがあることで、衛生まわりの支援物資がそこに集められたのです。そこで、WOTA BOXの提供と併せて、アパレルメーカーなどに呼びかけてタオルを送ってもらうなど、複数の企業からの支援も組み合わせました。ほかにも、被災者から声が上がってからではなく、未然の対処を心がけています」と語っています。

■都市部での感染予防に貢献する水循環型手洗いスタンド「WOSH」

　WOTAの開発で自治体や企業から注目を集めるもう1つの装置に、水道管のない場所に設置できる水循環型手洗いスタンド「WOSH」があります。WOTA では手洗いに特化した製品の試作を 2019 年秋からおこなっていましたが、新型コロナウイルス感染症蔓延の兆しが見えはじめた 2020 年2 月、試作機を見た大手飲食チェーン店の経営者から「感染症予防策として店舗の入り口に手洗い用の製品を置きたい」と相談があったことがきっかけで開発スピードをあげ、2020 年 7 月に WOSH が発表されました。

　WOSH は、電源と 20 リットルの水があれば、500 回以上も繰り返し手洗いをすることが可能になる装置です（図3）。石鹸で手洗いを行う時間は、厚生労働省が 25 秒の手洗いを推奨しているほか、アメリカ疾病予防管理センター（CDC）では 20-30 秒の手洗いを推奨していることから、しっかりとした手洗いを身につける習慣を醸成するためにも必要と考えて30 秒に設定されています。水が流れ出すとシンクの周囲に設置されたLED ライトが発光し、30 秒カウントダウンしてくれるので、子どもも楽しみながら手洗いができます。また手持ちのスマートフォンも、シンクの

図3　WOSH のシンク。流水時に縁の LED が発光する

脇に設置されたスペースに収納することで、手洗いをする30秒の間に深紫外線照射で除菌（コロナウイルスを含むウイルスや菌を99.9％以上除菌可能）できます。実際に体験してみると、30秒は思いのほか長く、日頃の手洗いに対する意識変革も期待できます。

　さらに、WOSH本体にはドラム缶を活用した、どこにでも馴染むデザインが施されています。WOTAによると、ドラム缶を利用する理由は、規格品であり「世界中のどこでも手に入り、安くて軽く、丈夫な素材」であるため、世界中での普及・生産に有利な素材であることが理由だといいます。また、元々「液体を運ぶ」ための器であったドラム缶を、「水循環」という、「液体」を循環させる器にすることに、循環型社会の実現に向けたメッセージが込められています。

　「街中で手洗いができることで、COVID-19を乗り越え安心できるまちづくりに貢献したいです。WOSHが街中に設置されることで、公共空間における『こまめな手洗い』が新しい習慣になることを目指しています」と前田さんは話します。

　鎌倉市では、コロナ禍の中で迎えた2020年から21年にかけての年末

図4　鶴岡八幡宮の鳥居前に設置されたWOSH

年始に、初詣に訪れる鶴岡八幡宮への参拝客の感染予防策として、鎌倉駅周辺の6カ所にWOSHが設置されました（図4）。このように、季節の行事等に合わせて、最も効果が見込まれる特定の期間だけ必要な場所に設置することも可能です。

　WOTAはWOSHについて、治安の関係で都市空間の中に手洗い場が足りていないという報告もなされているアメリカ合衆国など、海外への展開も視野に入れているといいます。

3 多主体が非日常に備える物差しとしてのSDGs

■公共サービスを最適化するための公民共創

　こうしたWOTAとの連携について、鎌倉市共生共創部長の比留間彰さんは「WOTAは、市内の海水浴場でシャワーを使った際の排水という課題、まちなかでの感染症の拡大防止という地域課題に対して、1つひとつ丁寧に応えてくれます」と話します。

「これからの時代は『共創』がまちづくりの基本になってくるのではないでしょうか。まちに多様な課題が山積する中で、自治体だけではすべての課題を解決することは困難です。鎌倉市がSDGsに取り組んだ理由の1つに、SDGsが多様な主体と共創を進める際の共通言語になるのではないかと考えたことが挙げられます。地域課題に対して、新たな価値を築いていく企業と一緒に取り組み、ともに解決していくことは自治体にとっても意義のあることだと感じています。」

　また、事業者である前田さんは、多方面にわたる行政の業務の守備範囲を減らすことができることに意義を感じていると語ります。

「公共サービスの最適化を行う必要があると感じています。地域によっては、林業団体のとりまとめなど、行政の担う業務は非常に幅広いでしょう。

図5 鎌倉でSDGsを推進する市共生共創部の飯泉浩二さん（写真左）と比留間彰さん（同右）

しかし、行政に優位性があり、もっと踏み込んだ方が良い分野を行政に任せて、企業が担える公共サービスがあるならば企業が担う。そうすることで、社会全体で公共サービスの再編成ができると思います。」

　日常的に対応が必要な業務だけでなく、災害など非常時への対応も行政が抱える業務の1つ。だからこそ、行政だけで閉じた公共サービスを担うのではなく、民間事業者や住民にも課題を開くことを意識する必要があると考えられます。

■主体間の意思疎通を図る共通言語としてのSDGs

　一方で、共創を進めていく上で自治体側が抱く難しさとして、比留間さんは「公平性」と「役割分担の範囲」という2つの課題を挙げました。

「SDGs未来都市に選定され、鎌倉市の現状を発表する機会が増えたこと
もあり、地域課題を企業に投げかけたり、逆に企業側が鎌倉市の課題を見
つけて声がけしてくれたりすることもあります。しかし、公平性の観点か
ら、どの企業と連携すればよいか悩むところです。企業側が、どこまで鎌
倉市の課題を本気で解決しようと思ってくださっているか、そこが判断の
ポイントであるように思います。また、『共創』は、企業等とともに新たな
価値を生み出していくものです。事前に事業の役割分担を明確にしてしま
うと、新たな価値の創造には結びつかず、従来の委託関係になってしまい
ます。」

　企画課の飯泉浩二さんも、「委託関係ではないことで、どこまで相手方に
頼めばよいのか、どこまで相手方に期待してよいのかが明確ではないこと
は難しさでもあります」と続けます。そして、鎌倉市がWOTAと連携し
て共創する際にSDGsが果たした役割について、「自治体が抱える地域課

図6　「水」の未来を切り拓く前田瑶介さん（提供：WOTA）

題を言語化し、企業をはじめとした行政以外の主体と意思疎通を図る上で、共通言語の役割を果たしてくれていると感じています」と振り返ります。

WOTAの前田さんも「最近では、サステナビリティに関心を持つ企業や自治体が増えたように思います。社会全体がSDGsという目標を共有することで、前提としてどのような課題が発生しているのかスムーズに共有することができるようになったと感じています」と、共通の価値観によってコミュニケーションが円滑に進むメリットの実感を話します（図6）。

また、自分たちの経験値と掛け合わせ、伝わる表現でSDGsを発信するメリットについては次のように語っています。
「現実に発生している問題に対して、自分たちが体感し、自分たちの言葉で問題発信していくことの必要性も認識しています。防災や感染症について触れられているSDGsを使うことは、平時において非日常を想定して考える助けになります。」

４ 2050年、2100年を見据えた持続的な 水供給の仕組みづくり

これらの取り組みを続ける中で、一体どのような未来を両者は見据えているのでしょうか。

比留間さんは「2030年を期限とするSDGsの達成を見据えて、その前段階にあたる2025年までに『生涯に渡って、誰もが安心して、自分らしく暮らせるまち』、つまり共生社会を実現したいと考えています。そして、カーボン・ニュートラルの達成も含めて持続可能な都市にしていくことが目標です。また、2030年には、Society5.0のまちが実現すると言われていますが、その先にある2050年にスタンダードとなると考えられる最新のテクノロジーの活用や、2050年のまちの有り様を考えながら、まちづくりを進めています」と話します。

またその実現に向けて、飯泉さんは「2018年度にSDGsを総合計画に反映させるための市民対話型ワークショップを4度にわたって行いました。その時に、市民1人1人が鎌倉の将来について考えていることを改めて実感しました。こうした経験から、市民の声を丁寧に集め、市の将来に反映させていきたいと思っています」と続けます。

　一方、こうした鎌倉市の未来の実現にも貢献し、全国の自治体に新たなテクノロジーを提供しようとする前田さんは、次のように展望を語りました。「SDGsの目標期限は2030年ですが、私たちは2100年くらいを見て考えています。というのも、水インフラは計画に3年、整備に5年をといったように、長期的な視点で考える必要があります。2100年に実現したいものを2050年の時点で形作っておかなければなりませんから、私たちの技術がその時に役立てばと考えています。水道管の再投資時期が迫っている自治体があるが、十分な予算が確保できないという問題もあります。そこで、社会的なコストを増大させずに持続可能な水供給を実現させるために、我々の技術で『日本の水の未来』を一緒につくっていきたいと考えています。」

■注釈

注1・注2　WHO/UNICEF JMP（2019）Progress on household drinking water, sanitation and hygiene, 2000-2017 SPECIAL FOCUS ON INEQUALITIES.
注3　国連広報センターウェブサイト〈https://www.unic.or.jp/activities/economic_social_development/sustainable_development/2030agenda/sdgs_logo/sdgs_icon_black_and_white/〉（最終アクセス：2021年4月10日）

事例 **2** 大都市の多様な担い手を支援する認証制度の設計

神奈川県横浜市・ヨコハマ SDGs デザインセンター × 市内事業者

横浜市

1 各主体の取り組みを有機的に連携させる重要性

　SDGs には幅広い分野の課題が集約されているため、達成に向けた行動を個別のゴールごとに検討しがちです。そこで重要になるのが、ゴール 17 の「パートナーシップで目標を達成しよう」です（図 1）。

　「貧困をなくそう」（ゴール 1）や「飢餓をゼロに」（ゴール 2）のような具体的な課題が示されたゴールとは異なり、ゴール 17 の内容は、ほかのゴールの達成を支援する「手段」のように感じられます。しかし、ゴール 17 で掲げられている「他者との連携（パートナーシップ）」は、別々に議論されがちな問題の側面を統合的に考えるうえで重要な役割を担うものです。「SDGs ウェディングケーキ」のモデル図（16 頁）でも、経済・社会・環境の 3 つの側面をゴール 17 が上下双方向に貫通し、「経済問題」「社会問

図1　SDGsのゴール17「パートナーシップで目標を達成しよう」
（出典：国連広報センター[注1]）

題」「環境問題」と別々に議論されがちな各側面をつないでいます[注2]。

　特にターゲット17.17「さまざまなパートナーシップの経験や資源戦略を基にした、効果的な公的、官民、市民社会のパートナーシップを奨励・推進する」にあるような「多様な主体の連携（マルチステークホルダーパートナーシップ）」は、地域におけるSDGsの推進に欠かせない要素です。

　というのも、地域においては、行政だけでなく、企業、学校、金融機関、市民といった様々な主体が、地域課題の解決に取り組んでいます。それぞれの主体が持つ強みを活かして連携し、各主体の取り組みの効果を最大化させることで、地域課題の解決に一層近づけます。

　しかし、企業や団体のSDGsの推進に向けた取り組みを、行政はどのようにバックアップしていけばよいのでしょうか。その解決策の1つとして、横浜市による企業・団体の「登録・認証」制度をご紹介します。

2　主体同士の連携をサポートする 「ヨコハマSDGsデザインセンター」

■多様な主体のニーズ・シーズを収集しマッチングする中間支援組織

　神奈川県の県庁所在地である横浜市は、人口約378万人（2021年8月1日現在[注3]）を抱える日本有数の都市です。政令指定都市であり、18の行政区で構成されています。江戸時代後期に日米修好通商条約で開港された都市の1つだった歴史もあり、横浜中華街や赤レンガ倉庫など異国情緒があふれる観光地を訪れる人で賑わいます。

横浜市は、2018 年度の SDGs 未来都市、及び自治体 SDGs モデル事業にも選定されています。その中核をなす事業として、2019 年 1 月に市と民間事業者によって立ち上げられたのが、「ヨコハマ SDGs デザインセンター」（以下、デザインセンター）です。

デザインセンターは、企業、団体、市民といった様々な主体と連携して、それぞれの知見や技術、ニーズとシーズなどを収集し、マッチング・コーディネートすることで、地域課題解決に向けた各主体の活動を支援する中間支援組織です。

■ SDGs 達成のインセンティブとなる「Y-SDGs 認証」の開始

横浜市は、デザインセンターと連携して「Y-SDGs」と呼ばれる認証制度を 2020 年に開始しました。同制度では、SDGs の達成に向けて取り組む市内事業者に、「環境」「社会」「ガバナンス」「地域」の 4 分野、30 項目について、チェックシートによる自己評価と、デザインセンターによるヒアリングを経て認証しています。各評価項目の取り組み状況に応じて、最上位から順に「Supreme」「Superior」「Standard」の 3 区分で認証しています（図 2）。

この区分に応じて、認証マークの使用許可や、市ウェブサイト等で自社の事業を PR してもらえるなど、様々なメリットがあります。上位の認証を取得すれば、「横浜市総合評価落札方式[注4]」の評価項目において、加点となったり、「よこはまプラス資金[注5]」の対象となったりと、企業にとっての明確なメリットが用意されている点が特徴的です。

■登録・認証制度を通じて実現する課題解決の「自律的好循環」

こうした制度整備を行った経緯とねらいについて、横浜市温暖化対策統括本部 SDGs 未来都市推進課の小野寺智香さんは「2019 年に内閣府から『SDGs 金融フレームワーク』の考え方が示されたことを受け、登録・認

認証区分	認証区分の解説	認証のメリット
【最上位】 Supreme （スプリーム） **Y-SDGs** — supreme — ○○○	SDGsへの貢献を高く掲げ、模範として更なる高みを目指していただくとともに、全評価項目の概ね8割以上の項目で高いレベルで取り組みを進める事業者	・「横浜市総合評価落札方式」の評価項目において、加点となる ・「よこはまプラス資金」の対象となる ※そのほかは「Standard」と同様
【上位】 Superior （スーペリア） **Y-SDGs** — superior — ○○	SDGsの達成に向け高く貢献し、更なる高みを目指していただくとともに、全評価項目の概ね6割以上の項目で高いレベルで取り組みを進める事業者	
【標準】 Standard （スタンダード） **Y-SDGs** — standard — ○	SDGsを意識した経営を進めるなど、より高みを目指していただくとともに、全評価項目の概ね3割以上の項目で高いレベルで取り組みを進める事業者	・認証マークを名刺や企業等のホームページ等に表示できる ・認証事業名や取り組み内容を、横浜市やヨコハマSDGsデザインセンターのホームページ等でPRする ・ヨコハマSDGsデザインセンターが開催する各種マッチングイベントやセミナー等へ優先参加できる

図2　Y-SDGs の認証区分（出典：横浜市ウェブサイトを基に筆者作成[注6]）

図3　「日本のSDGs推進に寄与したいという思いがあるので、横浜市の認証制度が全国の自治体の参考になれば嬉しいです」と語る市SDGs未来都市推進課の小野寺智香さん（写真左）と塚越裕子さん（同右）

証制度の検討を開始しました。特に、環境・社会・ガバナンスに配慮した ESG 投資の機運が高まる中、この認証制度を通じて企業の活動を後押しできないかと考え、制度整備を行っています」と話します。

また、認証の取得により事業者が受けられるメリットを検討する過程では、内閣府から示された「地域課題の解決に向けた『自律的好循環』」をどのように生み出すかを念頭に対策を講じていったそうです。

「市内の課題解決による自律的好循環の実現と、脱炭素社会の構築を目指して、2021 年 7 月には、金融機関を構成員とする『Y-SDGs 金融タスクフォース』を設立し、認証制度の普及を通じた市内事業者の支援策などについて協議を行っています」と小野寺さん。

■認証の申請と認定プロセス

Y-SDGs は、登録と認証の 2 段階に分かれています[注7]。

まず、事業者はデザインセンターのウェブサイトを通じて、同センターへの会員登録を行います。会員登録を行うことで、SDGs に関する情報提供をはじめ各種支援を受けることができます（図 4・STEP ①）。

次に、事業者は自己チェック登録申請書とチェックシートに記入して、デザインセンターに提出します。デザインセンターによる確認を経て、登録された事業者名は、デザインセンターのウェブサイトに掲載されます（同・STEP ②）。

そして、認証の取得を希望する事業者は、詳細な取り組み内容などを記載した Y-SDGs 認証申請書、チェックシートを、デザインセンターに提出します（同・STEP ③）。申請を受けたデザインセンターは、事業者に対して評価員がヒアリングを実施し、有識者会議による意見を踏まえながら、評価書を作成します。この評価書をもとに、市が認証を付与するか判断し、認証された事業者には、認証通知書等が送付され、事業者も認証マークを使用することができます。認証を受けた事業者名と取り組みは、市とデザ

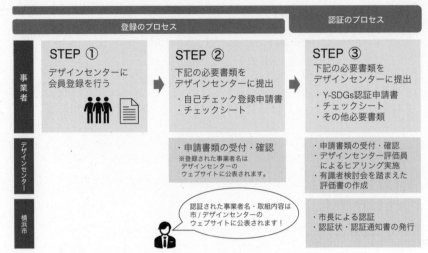

図4　登録を完了した事業者のみが認証の申請を行うことができる

インセンターのウェブサイトで公開され、社会に向けて事業者のSDGs推
進に向けた取り組みが周知されます。

　以上の会員登録・登録・認証といった手続きについて、事業者はすべて
無料で受けることができます。2020年11月以降、およそ3カ月に1回
の頻度で申請受付・認証を行っており、2021年8月時点で、すでに約200
事業者が認証を取得しています（第1回：29事業者、第2回：119事業
者、第3回：52事業者）。

■政令指定都市で初！　金融機関による融資での制度活用

　こうした認証制度の構築にも、行政と民間事業者とのパートナーシップ
が見られます。横浜市とデザインセンターは、株式会社三井住友銀行（以
下、SMBC）と株式会社日本総合研究所（以下、日本総研）とともに、Y-
SDGsの制度設計を行いました。

　横浜市とSMBCは、2019年4月に連携協定を締結しています。
SMBCと日本総研がこれまで培ったESG金融に関する実績を基に、前述

のY-SDGsや、横浜型SDGs金融支援制度の構築を試みています。

　2020年12月には、横浜市のY-SDGsの認証申請で使用するチェックシートに融資先企業が記入した情報を、SMBCが融資先企業のSDGsへの取り組みや非財務情報の評価に活用して融資を実行しました[注8]。

　自治体によるSDGsに係る認証制度が、金融機関の融資に活用された事例は、政令市で初めてのことでした[注9]。

　自治体が実施する企業のSDGsに関する評価制度では、認定証の発行や、市ウェブサイトへの企業情報の掲載などにとどまる場合もあります。金融機関の融資判断と連動した制度構築は、より実践的で企業にもメリットが大きいでしょう。

　小野寺さんは「ESG投資を促進するためにはどのような制度設計がよいのか。行政の担当者だけでは持ち得ない視点やノウハウを金融機関から提供いただき、民間企業と協力したからこそ、実際に活用できる制度がつくれました」と、公民連携の効果を話します。

3 SDGsを共通言語としたビジネスの支援

■中小企業のSDGs達成に向けたきめ細やかな支援

　横浜市は、他の大都市と比較して、2016年度の事業所数が大阪市、名古屋市に次ぐ約11万5千社、従業者数は約148万人に達します[注10]。日産自動車株式会社をはじめ、横浜市には大企業の本社もありますが、全体の99.5%は中小企業が占めます[注10]。

　こうした中小企業も、SDGs推進の重要な担い手です。そこで、デザインセンターでは、市内企業同士、そして行政と企業とのマッチング支援を行い、SDGs達成に向けた様々なプロジェクトを生み出しています。

　具体的には、ウェブサイト上で会員登録をした企業等に対し、SDGsの

推進や社内での浸透に取り組むためのアドバイスやコンサルティングを実施。2021年8月現在、デザインセンターにはコーディネーターが8名在籍しており、環境や地域連携、企業との連携など、それぞれの専門的な見地からサポートを行っています。

　デザインセンターの総合コーディネーターとして事業者支援を行う麻生智嗣_{ともつぐ}さんは、日々市内企業の相談に乗る中で、SDGsという言葉は認知されつつあるものの、SDGs自体が自社の経済的な利益とは相反するものだと認識している企業も多く、内容の理解はこれからだと語ります。

　「SDGsと自社の活動との関連が腹落ちしないという企業の皆さんには『御社のビジョンや理念からSDGsを考えてみませんか？』と問いかけるようにしています。企業が目指すところと、現状のギャップを埋めるための議論が中小企業は十分に行われていないこともあります。そのような時に、Y-SDGs認証のチェックシートを使って、自社が抱える課題や、解決に向けて必要な行動などを議論するきっかけになればと期待しています」と麻生さんは話します。

図5　「デザインセンターに登録する会員は900団体を超え、SDGsを共通言語として、各事業者のニーズとシーズを共有しあって、地域課題の解決に向かっています」と、麻生智嗣さんは手応えを語る

■公民連携で生み出されるバラエティに富んだプロジェクト

　デザインセンターは、認証制度の運用や事業者間のマッチングなどに加え、市内事業者と連携して、SDGs を推進するための様々なプロジェクトも実施しています（図6）。その1つが、「ヨコハマ・ウッドストロー・プロジェクト」です。

　プラスチック製ストローの削減は、世界中で注目を集めるプラスチック問題の解決に向けてインパクトの大きい取り組みの1つです。そこで横浜市は、山梨県道志村内の横浜市有水源地の間伐材を原材料とした木製ストローの製造・提供を、市内企業等と連携して実施しています。

　間伐材の薄い木板を巻き上げてストローを製造する過程では、市内の障害者地域作業所等と連携しているほか、市内の小中学校では木製ストローの解説や製作ワークショップを行う出前授業の実施も横浜市・ヨコハマSDGs デザインセンターとして展開しています。

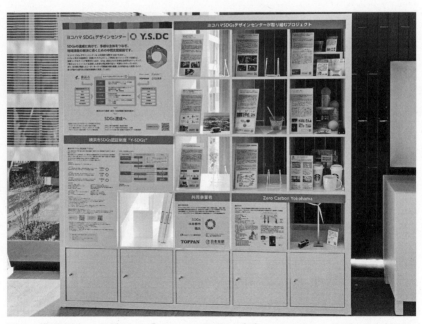

図6　横浜駅近くに所在する「ヨコハマ SDGs デザインセンター」には、ウッドストローやショートタイムテレワークといった取り組みの説明や成果物が展示されている

「環境」の側面にアプローチする間伐材の活用、「社会」の側面にアプローチする地域作業所との連携、「経済」の側面にアプローチする市内飲食店等での利用促進、さらに SDGs のターゲット 4.7 に掲げられた「持続可能な開発のための教育（ESD）」の実践。行政が備えていない技術やアイデアを持つ企業・団体等と協力することで、経済・社会・環境の 3 つの側面を統合的に捉えた解決策の実行につながっているのです。

デザインセンターでは、ほかにも多数のプロジェクトが進行しています。例えば、育児や介護などの事情によりフルタイムでの勤務やオフィスへの出勤が難しい人を対象に、ICT を活用して遠隔かつ短時間勤務を実現する「ショートタイムテレワーク」の実証実験を行い、2020 年からはソフトバンク株式会社と連携して取り組みを本格化させています。

SDGs 未来都市推進課の塚越裕子さんは「参加者の『育児からの本格復帰の前に自信がついた』という声を聞いて、地域のニーズを捉えた取り組みを実現できたことに市職員として嬉しく思いました」と笑顔を見せます。

4 横浜市による SDGs の国際的な展開

■世界の SDGs 都市ネットワークに国内自治体で唯一参加

横浜市は、取り組みを世界中の自治体等に共有するため、2019 年にブルッキングス研究所の呼びかけで設立された、SDGs を推進する世界の都市間ネットワーク「SDGs リーダーシップ都市連合（SDGs Leadership Cities Network）」に、国内自治体で唯一参加しています。

2019 年にメキシコシティで開催された都市連合の第 2 回総会に参加した横浜市米州事務所副所長の谷澤寿和さんは、世界の都市が何に関心を持ち、どのような取り組みを行っているのかを理解することで、SDGs の世界の潮流への感度が自ずと高まると言います。

「日本では自治体の特徴を活かした重点事業の成果を発信するケースが多く見られますが、世界のSDGs推進都市では、都市におけるSDGsの状況をデータ化・可視化し、根拠に基づいたよりよい政策・事業につなげようとする動きが見られます。こういった世界の諸都市との議論の中に身を置くことで、日本の取り組みを客観的に見ることができます。」

　その後も都市連合は活発な意見交換を続けており、2021年7月にはベストプラクティス集を発行。その一例として横浜市の取り組みも掲載されました。谷澤さんは「横浜市からは、『横浜の資源・技術を活用した公民連携による国際技術協力』（Y-PORT事業）の取り組みを取り上げてもらいました。都市間連携と公民連携による都市課題の解決の仕組みについて、『何をしたか（What)』よりも『どのようにしたか（How)』を重視して紹介しています」と話します。

　国内自治体におけるSDGsに関する取り組みは、地域の特徴を活かしたものが多く、汎用性のある事例を開発したり、そのノウハウに関する知見を共有したりする姿勢は、今後も強まりそうです。こうした動きを先導する横浜市の姿勢は、多くの自治体にとって参考になるのではないでしょうか。

図7　熱い思いで市のSDGsを国際面から推進する谷澤寿和さん（出典：Jorge Montes, Mexico City)

■注釈

注1　国連広報センターウェブサイト〈https://www.unic.or.jp/activities/economic_
social_development/sustainable_development/2030agenda/sdgs_logo/
sdgs_icon_black_and_white/〉（最終アクセス：2021 年 4 月 10 日）

注2　『SDGs × 自治体　実践ガイドブック　現場で活かせる知識と手法』（学芸出版社）
pp.17 ～ 21 を参照されたい

注3　横浜市ウェブサイト「統計情報ポータル」〈https://www.city.yokohama.lg.jp/
city-info/yokohamashi/tokei-chosa/portal/〉（最終アクセス：2021 年 8 月 12 日）

注4　総合評価落札方式とは、企業の技術力等と価格の双方を総合的に評価し落札者を決
定する方法。標準的な設計、施工方法に基づき最も安い価格で入札した企業を落札者と
する現行の入札方式（価格競争方式）とは異なり、より技術力の高い企業が落札者とな
りやすく、品質の向上、企業の技術開発の促進、入札談合の抑制等の効果が期待される。
横浜市では、3 億円以上の工事に原則として総合評価落札方式を採用している（出典：
横浜市ウェブサイト「総合評価落札方式」〈https://www.city.yokohama.lg.jp/city-
info/zaisei/kokyo/sekkei-sekoh/sougouhyouka.html〉（最終アクセス：2021 年
8 月 12 日））

注5　よこはまプラス資金とは、「同一事業を 1 年以上継続して営んでいる方（市内業歴が
1 年未満の方を含む）（一部例外あり）で、横浜市の各種認定等を受けている方や、横浜
市が推進する各種取組を行う方」を対象とした横浜市による融資制度（出典：横浜市ウ
ェブサイト「よこはまプラス資金〈https://www.city.yokohama.lg.jp/business/
kigyoshien/yushiseido/jyouken/yokohama-plus.html〉（最終アクセス：2021
年 8 月 12 日））

注6　横浜市ウェブサイト「【第 4 回募集終了】横浜市 SDGs 認証制度 “Y-SDGs”」
〈https://www.city.yokohama.lg.jp/kurashi/machizukuri-kankyo/ondanka/
futurecity/20201130ysdgs.html〉最終アクセス：2021 年 8 月 12 日）

注7　提出書類、制度詳細等は横浜市ウェブサイト〈https://www.city.yokohama.lg.
jp/kurashi/machizukuri-kankyo/ondanka/futurecity/20201130ysdgs.html〉
を確認のこと

注8　「三井住友銀行と株式会社日本総合研究所が作成した独自の評価基準に基づき、企業
の ESG 側面の取組や情報開示、 SDGs 達成への貢献を評価し、取組や情報開示の適切
さについての現状分析、今後の課題、課題への取組事例などを還元する融資商品」（出典：
横浜市ウェブサイト「政令市初！「横浜市 SDGs 認証制度 “Y-SDGs”」の認証取得を
目指す事業者に対し、制度を活用した金融機関による融資が行われました。」〈https://
www.city.yokohama.lg.jp/city-info/koho-kocho/press/ondan/2020/

1225ysdgsyuushi.html〉（最終アクセス：2021 年 8 月 12 日））

注 9　横浜市ウェブサイト「政令市初！「横浜市 SDGs 認証制度" Y-SDGs 」」の認証取得
　　を目指す事業者に対し、制度を活用した金融機関による融資が行われました。」〈https://
　　www.city.yokohama.lg.jp/city-info/koho-kocho/press/ondan/2020/1225
　　ysdgsyuushi.html〉（最終アクセス：2021 年 8 月 12 日）

注 10　横浜市経済局「データで見る横浜経済 2020」〈https://www.city.yokohama.
　　lg.jp/business/kigyoshien/tokei-chosa/date_yokohamakeizai.files/0001_
　　20200328.pdf〉（最終アクセス：2021 年 8 月 12 日）

事例
3

環境債を活用した地域主導型の課題解決スキーム

グリーンボンド

石川県金沢市 × 株式会社地方グリーンプロジェクト支援研究所

金沢市

---

1 環境債による気候変動へのアプローチ

■気候変動への危機感と脱炭素化の動き

　地球規模の気候変動が私たちの日常生活に与える影響を意識する機会が増えつつあります。例えば、日本の平均気温は 100 年あたり 1.14℃ 上昇しているとされ[注1]、熱中症などの健康リスクの高まりや、熱帯・亜熱帯の外来種の拡大による生物多様性確保への懸念が指摘されています。

　こうした気候変動の背景として、石油や石炭などの化石燃料を使用する際に発生する二酸化炭素（以降、CO_2）等の温室効果ガスの増加が指摘されており、その排出量削減は世界中で課題とされています。2020 年 10 月には、菅義偉内閣総理大臣が「2050 年までに温室効果ガスの排出を全体としてゼロにする[注2]」と宣言したように、国内でも気候変動やその対策

図1　SDGsのゴール13「気候変動に具体的な対策を」
(出典：国連広報センター[注3])

としての脱炭素化に注目が高まりつつあります。

　SDGs にも、ゴール13「気候変動に具体的な対策を」が掲げられています（図1）。このゴールには「全ての国々において、気候関連災害や自然災害に対する強靭性（レジリエンス）及び適応の能力を強化する（ターゲット13.1）」や、「気候変動対策を国別の政策、戦略及び計画に盛り込む（ターゲット13.2）」といった5つのターゲットが設定されています。

■環境債への注目の高まり

　こうした中、日本の環境省は、SDGs を具現化する「地域循環共生圏」の実現を打ち出しています。地域循環共生圏とは「各地域が美しい自然景観等の地域資源を最大限活用しながら自立・分散型の社会を形成しつつ、地域の特性に応じて資源を補完し支え合うことにより、地域の活力が最大限に発揮されることを目指す考え方[注4]」を指し、2018年に閣議決定された「第五次環境基本計画」で示された概念です。

　この地域循環共生圏で示された社会の実現に向けて、近年注目を集めているのが「環境債（グリーンボンド）」です。グリーンボンドとは、「企業や地方自治体等が、国内外のグリーンプロジェクトに要する資金を調達するために発行する債券[注5]」を指します。その特徴として、①調達資金の使途がグリーンプロジェクト（地球温暖化対策や自然資本の劣化の防止に資する取り組み）に限定されること、②調達資金が確実に追跡管理されること、③それらについて発行後のレポーティングを通じ透明性が確保されることなどが挙げられます[注5]。

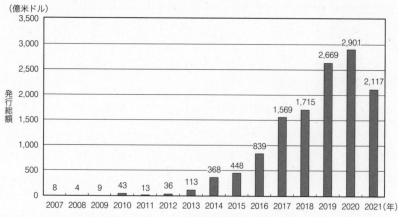

（億米ドル）

図2　世界におけるグリーンボンド発行総額の推移（出典：環境省ウェブサイト注6）

　環境省によると、世界のグリーンボンド発行総額は、2,901億米ドル（2020年）にのぼり、10年前（2011年）の13億米ドルと比較して、急速な増加を見せていることが分かります（図2）。国内企業等による発行額も1兆170億円（2020年）に達しています。

■地域内で循環するスキームでの環境債の活用

　現在、国内におけるグリーンボンドの発行主体の多くは、資金もノウハウも兼ね備えた大手企業や大手金融機関が占めています。

　そうした中、今回ご紹介する株式会社地方グリーンプロジェクト支援研究所（以下、LGPラボ）注7による「北陸地域地方公共団体完全LED化包括事業」は、独立行政法人鉄道・運輸機構、日本郵船株式会社、三菱地所株式会社といった大都市圏の大手企業・法人と並んで、地方都市で唯一、2017年度のグリーンボンド発行モデル事業に採択されました。

　民間事業者が発行するグリーンボンドの多くが自社の事業や開発を資金使途としているのに対して、LGPラボらによるSPCが発行するグリーンボンドは、地方自治体が委託した環境改善事業を資金使途としている点が

大きな違いです。

　同社代表取締役の澤田浩士さんは「これまで、地方都市の大規模な公共事業は、東京などの大手企業が受注し、地方都市の企業は下請け業者の1つとして事業を受注するばかりでした。政府から地方都市に資金が配分されても、その資金の大部分は大手企業に回収され、結局は東京など大都市圏に還流してしまい、地方都市は疲弊していくばかりです。こうした構図を変えたいという思いでLGPラボの前身にあたる『北陸グリーンボンド株式会社』を設立し、地域循環型の事業スキームを構築しました」とその熱い思いを語ります（図3）。

図3　地域循環型の事業スキームで地方創生を実現したいと話す澤田浩士さん

2 グリーンボンドを活用した LED 化の推進

■地方自治体を顧客に設定した特別目的会社の設立と環境債の発行

　それでは、LGP ラボによる「北陸地域地方公共団体完全 LED 化包括事業」とは、一体どのようなものなのでしょうか。

　まず、金沢市が 2020 年 7 月に実施した「金沢市体育施設等 LED 化 ESCO 事業」に係る公募型プロポーザル方式に LPG ラボ（応募当時は「北陸グリーンボンド株式会社」）と、金沢市に本拠を置く米沢電気工事株式会社が共同で応募。市内 81 カ所の体育館（小中学校 74 施設、市営体育館 7 施設）に設置されている照明を水銀灯などから LED に切り替え、その後 10 年に渡る維持管理を行う事業契約を市と締結しました。

　次に、2020 年秋に、LGP ラボは米沢電気工事株式会社と共同で出資を行い、特別目的会社（Special Purpose Company：以下、SPC^{注8}）である「合同会社北陸グリーンボンド 1 号事業」を設立しました。この SPC は「地域の事は地域の方々が主役になって考えよう」を企業コンセプトに据え、地方自治体を顧客に設定しています。

　そして 2021 年 1 月には、SPC は地域金融機関である北國銀行が引受先となる環境債（発行額：5 億 8 千万円、償還期間：10 年 6 カ月）を発行しています。こうして調達した資金をもとに、SPC は電気工事会社や設計会社といった地域の事業者と委託契約を結び、2021 年 4 月から LED 化工事を進めています。

■地元の事業者だけで大型の公共事業を担えるスキーム構築

　従来、こうした大型の公共事業においては、設計・工事・維持管理・全体のマネジメントを一括して大手企業が受注し、地域事業者はその下請けとして設計や工事など部分的な業務を受注する形が一般的でした。地元の

事業者1社だけですべての工程を引き受けることができず、専門性のある事業者とのネットワークを持つ大手企業にマネジメントを委ねる必要があったからです。

そこで、「北陸地域地方公共団体完全LED化包括事業」では、LGPラボが全体の事業マネジメントを担う体制を構築しました。LGPラボと米沢電気工事から成るSPCが、市との契約を包括的に締結し、LEDの設置工事や維持管理といった業務などは、SPCから地域の事業者と委託契約を結び、米沢電気工事が各事業者と連携して実施する仕組みになっています（図3）。複数の事業者の連合体を形成することで、大手企業の下請けではなく、「オール金沢」で事業を実施することが可能になったのです。県外の大手資本ではなく、地域企業が活性化し、地方都市の持続可能性が高まるスキームになっていると言えるでしょう（図4）。

しかし、こうしたスキームを構築する過程で、LGPラボは様々な壁に直面します。その1つが自治体の消極的な姿勢でした。2019年に環境省からモデル事業の採択を受け、説明会を開催した際には多くの自治体が参加

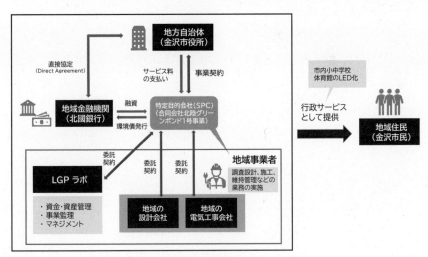

図4　LGPラボが構築した地域循環型の事業スキーム（出典：LGPラボウェブサイトを参考に筆者作成）

しました。しかし、参加した自治体の担当者から寄せられた声は「今やらなくてもよいのではないか」「前例がない」といったものばかりだったと澤田さんは語ります。

■金沢市と連携した LED 化の推進

こうした状況の中で、唯一関心を示した自治体が金沢市でした。

石川県の県庁所在地である金沢市は、人口約 46 万人（2021 年 7 月 1 日現在）を抱える北陸地方を代表する都市です。金沢城址や兼六園に加え、歴史ある町並みが残り、多くの観光客が訪れます。

金沢市内の体育施設の照明は水銀灯が主でしたが、2017 年 8 月の「水銀に関する水俣条約[注9]」発効などを背景に、LED 化を進めています。北國総合研究所[注10]によると、LED 化によって、電気使用量と電気料金、二酸化炭素排出量がいずれも現状の約 3 分の 1 に抑えられる見込みだと言います（図 5）。また、コスト削減効果も非常に重要ですが、二酸化炭素の排出量を削減することは、SDGs のゴール 13「気候変動に具体的な対策を」に貢献する取り組みです。

この「金沢市体育施設等 LED 化 ESCO 事業」にある ESCO 事業とは、「自治体が施設の省エネ改修や維持管理を民間に任せ、削減できる光熱費を財源に加え、サービス料を支払う[注10]」仕組みです。ESCO 事業を導入することで、金沢市側も単年度に大きな財政負担が生じずに事業を進めることができます。また、行政の担当部署や体育施設ごとに行われていた発注

省エネ効果項目	現状	更新後	予定効果（量・額）
電気使用量	375 万 kwh/ 年	130 万 kwh/ 年	245 万 kwh/ 年の削減
CO_2 排出量	2,150t/ 年	750t/ 年	1,400t/ 年の削減
電気料金	9,180 万円 / 年	3,210 万円 / 年	5,970 万円 / 年の削減
修繕費	2,800 万円 / 年	0 円 / 年	2,800 万円 / 年の削減

図 5　金沢市内体育施設の LED 化による環境効果（出典：北國銀行総合研究所（2021）を基に筆者作成）

図6　LED化工事の様子（写真左）と施工後の体育施設の照明（同右）（提供：LGPラボ）

作業を一元化できることで、行政事務の削減も期待できます（図6）。

　金沢市環境政策課ゼロカーボンシティ推進室長の山田博之さんは、「体育施設のLED化は、あくまでESCO事業として公募しました。その中で、北陸グリーンボンド（当時）と米沢電気工事の共同提案には、公募要領に示されていた環境への配慮、市内の事業者の関与の在り方、緊急時の対応を行う組織体制などの優れた面が多くあり、外部の有識者からなる選定委員会の答申を踏まえて採択しています」と話してくれました。

3 SDGsを用いた多様な施策の整理

　グリーンボンドを活用した体育施設のLED化をSDGsの視点から分析すると、温室効果ガスの削減によって貢献できるゴール13「気候変動に具体的な対策を」だけでなく、複数のゴールの達成に貢献します。

　例えば、ゴール7「エネルギーをみんなに そしてクリーンに」です。LED化したことで、従来よりも電気使用量が年間245万kwh削減されると見込まれていることから、従来の水銀灯よりもエネルギー効率を高める取り組みと言えます。

また、ゴール8「働きがいも　経済成長も」にも貢献します。従来は、東京等の大手企業が大規模な公共事業を引き受け、金沢市内の中小企業が下請けとして位置づけられていましたが、地元企業が元請けとなり、連帯して事業を進めるLPGラボのスキームは、地域企業の成長の機会や雇用の創出をもたらすものと言えるでしょう。

　ほかにも、大気の質や廃棄物による環境上の悪影響を軽減することで、ゴール11「住み続けられるまちづくり」や、官民連携でグリーンボンド事業を進めることで、ゴール17「パートナーシップで目標を達成しよう」にも関連する取り組みと言えます。

　SDGsを用いることで、こうした多岐にわたる取り組みの効果を対外的に伝える際に有効だと山田さんは言います。

「SDGsを用いることで、市が取り組む施策を分かりやすく住民に伝えることができます。また、1つの分野だけでなく、様々な分野の課題解決に関与する取り組みであることを表現でき、環境政策に『まちづくり』や『経済』といった視点も含めて総合的な検討をすることができます。また、本事業が、内閣府SDGs官民連携プラットフォームの優良事例に選定されたように、SDGsの文脈で評価を受けていることも、多くの人から注目されている要因だと感じています。」

4 環境債の全国への拡大に向けた挑戦

■新たな手法の活用に踏み出してこそ得られる知見

　前述のように、グリーンボンドを活用した事業スキームについて、多くの自治体が関心を示したものの、実際に事業実施に至ったのは金沢市だけでした。そこには公平性を担保することなど、自治体特有の事情も多くあります。

山田さんは、「行政として事業を進める上では、様々な制約を設けることで、事業者の選定に公平さ、公正さを担保しています。一方で、自由度や効率性の観点からすれば物足りなさがあることも事実です。また、SDGsのように世界的な動きも見られ、新しい手法がどんどん現れている中で、私たち行政がじっくり研究する時間を十分に確保できず、それらの手法を活かしきれていないというジレンマも感じています。そのような中で、グリーンボンドという新たな手法の活用を経験できたことは、市としても大きな財産であると感じています」と、その難しさと、今回の取り組みの意義について教えてくれました。

　山田さんとともに本事業を推進する野村勇介さん（金沢市環境政策課ゼロカーボンシティ推進室）は、「日常の業務に加えて、公平性の観点などから様々な制約があるため自治体は新しい事業スキームに挑戦しづらいのは確かです。しかし、今回のように新しい方策に挑戦すると、域内の経済循環が実現できたり、LEDを一括で更新をできたりと、大きな効果を得られることがあるため、一歩踏み出すことの意義は非常に大きいと感じています」と、自治体特有の事情がある中で、新たなスキームを研究し、取り組

図7　「新たな事業スキームが、他の自治体の参考になれば嬉しい」（山田博之さん／写真左）「新たな事業スキームの研究で得たものは大きかった」（野村勇介さん／同右）

むことの価値を力強く語ってくれました（図7）。

■公民連携でグリーンボンドに取り組む意義

　カーボンニュートラルの実現や地方創生など、金沢市だけでなく、全国の自治体が直面する多様な課題の解決に向けて、グリーンボンドはどのような可能性を秘めているのでしょうか。

　行政の立場から事業を推進した山田さんは、グリーンボンドへの期待を次のように語ります。

「公民連携で実施したことで、多くの市内事業者の経済活動を促進できるなど、行政だけではできない事業が構築できたと感じています。行政が単独で行うだけでは、事業目的を達成することは難しいので、事業者や住民とともに地域課題の解決を図っていきたいと考えています。今回の事業が、先進事例として多くの自治体の参考になれば嬉しく思います。」

　また、事業者側で行政と連携した澤田さんも、今回の成功例を全国に共有していきたいと考えています。

　「旧社名の『北陸グリーンボンド』は、北陸が事業範囲のように聞こえたかもしれませんが、私たちは、構築したスキームを全国に広げていきたいと考えています。そのために、『北陸グリーンボンド株式会社』から『株式会社地方グリーンプロジェクト支援研究所』へと社名を変更しました」と、その意気込みを話してくれました。

　SDGsが見据える持続可能な世界の実現を目指す自治体にとって、公民連携で取り組むグリーンボンドは、有効な手法の1つと言えるのではないでしょうか。

■注釈

注1　気象庁ウェブサイト「日本の季節平均気温」〈https://www.data.jma.go.jp/cpdinfo/temp/sum_jpn.html〉（最終アクセス：2021年6月1日）

注2 首相官邸ウェブサイト「第二百三回国会における菅内閣総理大臣所信表明演説」〈https://www.kantei.go.jp/jp/99_suga/statement/2020/1026shoshinhyomei.html（最終アクセス：2021 年 8 月 8 日）

注3 国連広報センターウェブサイト〈https://www.unic.or.jp/activities/economic_social_development/sustainable_development/2030agenda/sdgs_logo/sdgs_icon_black_and_white/〉（最終アクセス：2021 年 4 月 10 日）

注4 環境省ウェブサイト「地域循環共生圏の概要」〈https://www.env.go.jp/seisaku/list/kyoseiken/index.html〉（最終アクセス：2021 年 8 月 8 日）より抜粋

注5 環境省グリーンボンド発行促進プラットフォーム「グリーンボンドとは」〈http://greenbondplatform.env.go.jp/greenbond/about.html〉（最終アクセス：2021 年 8 月 8 日）

注6 環境省グリーンファイナンスポータル「市場普及状況（国内・海外）」〈http://greenfinanceportal.env.go.jp/bond/issuance_data/market_status.html〉（最終アクセス：2021 年 8 月 8 日）

注7 旧社名「北陸グリーンボンド株式会社」。2021 年 8 月に社名変更

注8 特別目的会社（SPC）とは、「事業内容が特定されており、ある特定の事業を営むことを目的とした会社のこと。『特定目的会社による特定資産の流動化に関する法律』（SPC 法）』の規定に基づいて不動産、指名金銭債権など資産の流動化を目的とした特定目的会社が代表的。」（EY 新日本有限責任監査法人ウェブサイト「用語集・特別目的会社」〈https://www.shinnihon.or.jp/corporate-accounting/glossary/financial-instruments/tokubetsu-mokuteki-gaisya.html〉（最終アクセス：2021 年 8 月 14 日）

注9 「水銀の一次採掘から貿易、水銀添加製品や製造工程での水銀利用、大気への排出や水・土壌への放出、水銀廃棄物に至るまで、水銀が人の健康や環境に与えるリスクを低減するための包括的な規制を定める条約」（経済産業省ウェブサイト「水銀に関する水俣条約」〈https://www.meti.go.jp/policy/chemical_management/int/minamata.html〉（最終アクセス：2021 年 8 月 8 日）

注10 「北國 TODAY」2021 春号 VOL.102、pp.10-14、一般財団法人北國総合研究所

■参考文献

1．「北國 TODAY」2021 春号 VOL.102、pp.10-14、一般財団法人北國総合研究所

2．「自治体通信」VOL.18、pp.20-23、イシン株式会社

3．国連大学サステイナビリティ高等研究所いしかわ・かなざわオペレーティング・ユニットウェブサイト「【開催報告】SDGs カフェ #17 金沢発！ 経済の地域循環と CO_2 削減を実現するグリーンボンドのしくみを学ぼう！」〈https://ouik.unu.edu/events/4359〉（最終アクセス：2021 年 8 月 8 日）

産官学金連携で図る里山
里海の保全と経済の両立

石川県珠洲市 × 市内企業・事業構想大学院大学

珠洲市

1 子どもだけではなく大人にも課題が山積する教育

　「教育」と聞いて、あなたはどのような課題を思い浮かべますか。国内だけを見ても、いじめ問題や家庭環境による格差など、教育をめぐっては様々な課題が日々メディアで報じられています。

　では、地球規模の課題としてはどういうものが挙げられるでしょう。SDGs の 17 あるゴールの中で教育に関するゴール 4「質の高い教育をみんなに」に付随するターゲットを見ると、具体的にイメージすることができます（図 1）。

　例えば、性別によって初等教育や中等教育、就学前教育の機会が限られてしまうこと（ターゲット 4.1/4.2/4.3）や、障害の有無やジェンダーに配慮し、安全な教育施設が提供されていること（ターゲット 4. a）などが

図1　SDGs のゴール4「質の高い教育をみんなに」
（出典：国連広報センター[注1]）

示されています。実際、国連によると6歳から17歳の子どものうち、5人に1人が学校に通うことができていません[注2]。世界で少なくとも5億人の児童・生徒がオンライン学習を受けることができていないのです[注3]。また、教育というと、つい対象を「子どもたち」に限定して捉えがちですが、大人に対する職業教育や高等教育の機会についても目標が設定されていることは重要な点です。

　ここでは、多様な学びの機会を提供するとともに、研究成果を新たな商品開発等の経済分野と結びつけることで、持続可能な地域づくりの実現を図る珠洲市（石川県）の公民連携事例をご紹介します。珠洲市は、SDGsに関する産官学金のプラットフォームである「能登SDGsラボ」を設置しています。能登SDGsラボは、多様な人々が集まるソーシャルハブとして機能していますが、集まって来た人々が互いに学び合う場でもあります。それだけでなく、珠洲市は能登SDGsラボの開所以前から、能登の里山里海の現状と課題、そして可能性を学ぶ「里山里海SDGsマイスタープログラム」という教育プログラムを金沢大学と連携して提供しています。

2 環境保全と経済活動の両立に向けた模索

■地域価値をシーズ化する里山里海マイスタープログラムの蓄積

　2018年度のSDGs未来都市に選定されている珠洲市は、能登半島の先端に位置し、人口約13,700人（2020年12月31日現在）が暮らしてい

ます。平安時代から室町時代にかけて生産された「珠洲焼」と呼ばれる陶器で知られるほか、豊かな里山・里海の自然が残っています。また、「キリコ」と呼ばれる巨大な灯籠を用いる「キリコ祭り」は文化庁の日本遺産にも認定されており、多くの観光客も訪れる夏から秋にかけての一大イベントです。

　このように豊かな自然と文化を有する珠洲市ですが、少子高齢化による人口減少はまちの最重要課題です。珠洲市の人口は1950年の約38,000人をピークに減少を続けており、2040年には約7,200人まで減少すると予測されています[注4]。

　かつては、市内にも鉄道路線が運行されていましたが、利用客の減少などから2005年に路線が廃線となるなど、人口減少は公共交通機関の維持にも影響を及ぼしています。市内には大学などの高等教育機関がなく、高校を卒業した若者の多くは都市部へと進学して、そのまま就職をしてしまうなど、担い手不足による産業の衰退も課題です。ほかにも、「キリコ」の担ぎ手となる若い世代が地元を離れてしまうことで、伝統文化の存続にも影響があります。

　一方で、豊かな自然は未来につながる珠洲市の財産です。珠洲市を含む能登地域の里山里海は、国連食糧農業機関（FAO）から2011年に世界農業遺産（GIAS）[注5]として認定されており、世界から高く評価されています。

　また、里山里海について学びながら、受講者自身の関心に基づいた研究を進める「能登里山里海マイスター養成プログラム」（設立当時の名称）を2007年から10年間以上継続して実施しています。これは、同年に金沢大学、石川県立大学、石川県、及び奥能登2市2町（珠洲市・輪島市・能登町・穴水町）で結んだ「地域づくり連携協定」に基づき、能登学舎を拠点に実施されている市民向け講座です。受講者の多くが社会人で、現在は約1年間のプログラムを通じて、能登の里山里海に関する知識や経験を学びながら、地域資源を活かした産品開発などの卒業課題に取り組んでいます。

■里山里海と経済を同じ視野に入れるSDGsへの着目

　こうした金沢大学との連携事業は、課題解決先進国である日本が目指すべき社会のモデルを示しているとして、「プラチナ大賞[注6]」を民間団体から授与されるなど高く評価されていました。一方で、研究成果などを経済分野にも還元してほしいという声が市内経済界からあったと言います。

　「珠洲市では、2004年に廃校となった旧珠洲市立小泊小学校の校舎を、金沢大学に『金沢大学能登学舎』として無償で貸与しており、そこでの研究成果を地元に落とし込んでもらうべく、能登学舎に寄附研究部門を設置していました。とはいえ、『金沢大学能登学舎』と聞くと、どうしても研究機関が想起され、事業者や住民が気軽に足を運ぶ場所というイメージを持ちづらい。そこで、2018年1月に市長が金沢大学の学長に表敬訪問をした際に、能登学舎をもっと多くの人に開かれた場所にすべく、名称変更を提案しました」と振り返るのは、珠洲市企画財政課長で能登SDGsラボの事務局長でもある金田直之さんです（図2）。

　「時期を同じくして、国連大学の永井三岐子さんから、SDGsについて説明を受けた際に、里山里海といった『環境』と市内の『経済』という2つを同じ視野で捉えていることを知りました。その時、珠洲市の未来を考

図2　能登SDGsラボの全景（左）と、事務局長で珠洲市企画財政課長の金田直之さん（右）

えるうえで SDGs が鍵になるかもしれないと感じ、その推進を図るため、能登 SDGs ラボの設置と未来都市への応募に向けて動き出しました。」

　金沢市に拠点を置く国際機関である国連大学サステナビリティ高等研究所いしかわ・かなざわオペレーティング・ユニット（以下、UNU-IAS OUIK）事務局長であり、能登 SDGs ラボの運営委員も務める永井さんは、珠洲市の SDGs 未来都市への応募について、次のように話してくれました。「能登の里山里海は世界農業遺産（GIAS）に認定され、国内外から評価されていますが、こうした里山里海の環境を守っていく人たちと、経済を回していく人たちは、それぞれが交わることなく動いているように思いました。そこで、2015 年に採択された SDGs を用いて、里山里海を経済に結びつけていくことで、新たな価値を創造していくことができると考え、SDGs 未来都市の募集が始まった際に、珠洲市に応募を提案しました。」

　金田さんと永井さんの話から、相反するトレードオフ関係として議論されがちな「環境」と「社会」の側面を、SDGs を活用することで同じ視野に入れて議論し、相乗効果を生み出そうとしたことが分かります。

3 産官学金のプラットフォーム能登SDGsラボの取り組み

■環境と経済をつなぐ多様な主体の参画

　2018 年 10 月、珠洲市は金沢大学、珠洲商工会議所と連携し、金沢大学能登学舎に併設する形で「能登 SDGs ラボ」を開所しました。金沢大学、国連大学といった学術機関、石川県（2021 年より参画）、珠洲市といった行政、珠洲商工会議所、公益財団法人石川県産業創出支援機構といった産業界、興能信用金庫といった地域金融機関から運営委員が構成され、産官学金の多様なステークホルダーによる協力で運営されている点が特徴的です（図 3）。

金田さんは「地域金融機関である興能信用金庫は、2017年から『里山里海マイスター育成プログラム』(2012〜2019年)と共催で『能登里山里海創業塾』と題した創業支援プログラムを実施していただいていました。受講生はこのプログラムを通じて、創業に必要な経営の知識を得ることができるほか、卒塾生は奥能登2市2町の『特定創業支援事業注7』の認定を受けることができるなどのスキームも構築されていたので、この良い流れを継続していくためにも、興能信用金庫の参画は心強く感じました」と語ります。

　注目したいのは、これらの多様なアクターが、珠洲市との業務委託契約などの形ではなく、共同代表や運営委員といった主体的な立場でそれぞれ参画している点です。市と学術機関、そして地域経済の担い手が一体とし

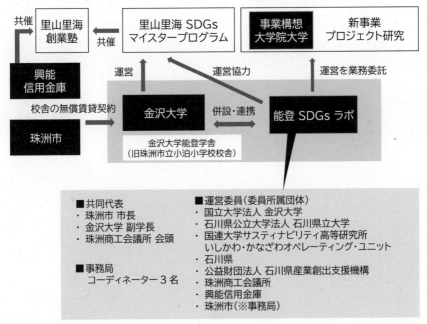

図3　能登SDGsラボをめぐるステークホルダーの関係図。多様なアクターが連携し、事業が実施されている

て動いている様子がうかがえます。また、ここまで紹介してきたように、学術機関と市の連携体制はすでに構築されていましたが、地域課題の解決に向けた研究成果を企業等の事業に実装し、環境と経済の側面をつないでいくという視点は、SDGsによって強化されたと言えるのではないでしょうか。

■SDGsラボが提供する4つの機能

　能登SDGsラボには、「対話と学び合い」「サポート」「SDGsマッチング」「チームコラボレーションの実験」といった4つの機能があります。

　1つ目の「対話と学び合い」については、SDGsカードゲームやセミナー等を開催し、地域課題をSDGsの観点から捉える場を創出しています。

　2つ目の「サポート」については、SDGsを取り入れたい企業・団体の実践的な展開を支援しています。

　3つ目の「SDGsマッチング」では、異業種交流カフェ等を開催し、幅広い業種でのコラボレーションを創出しています。

　4つ目の「チームコラボレーションの実験」では、ラボのメンバーを事例にSDGsらしい働き方を体現できるよう実践的な実証を行っています。これは、8つの組織から構成され、珠洲市内外から各分野の専門家が「連携研究員」として参画するプラットフォームである能登SDGsラボの組織的な特徴を活かそうという試みです。多様な主体が関与している中で、行政単独で事業を進めるのではなく、最適な組み合わせでチームをつくり、地域課題の解決に取り組むことを目指しています。こうした各主体の「働き方」は、目標達成に向けて、多様な主体（マルチステークホルダー）による取り組みを求めるSDGsらしいアプローチと言えるでしょう。

　能登SDGsラボで、コーディネーターを務める金沢大学特任助教の北村健二さんは、「マイスタープログラムの受講者は、珠洲市だけでなく、周辺自治体や東京などにもいますので、能登SDGsラボの様々な取り組みを広

域化する上で、力になってくれています。また、基礎から能登での創業に必要な知識を学ぶことができる『里山里海創業塾』が運営できるのも、興能信用金庫の協力があってこそのことです」と、多様なステークホルダーが参画する能登SDGsラボの強みを紹介してくれました。

北村さんは、能登SDGsラボのコーディネーターとして、市内外の多様なアクターをつないでおられますが、「交通整理」と「側面支援」を意識して業務を進めていると言います。

まず、「交通整理」について、複数の人で何かに取り組む際や、新たなアイデアが能登SDGsラボに寄せられた際には、「中心となる実施主体は誰か」「目的は何か」「誰がどのような経緯で発案したのか」「いつまでに何をどのようにする必要があるのか」「どのくらいの予算が必要か」「予算はどこで確保されるのか」といった情報を、コーディネーターがはじめの段階で把握していると、それ以後の対応が円滑に進むと教えてくれました。

「特に、多くの組織や個人が関わる案件では、整理した情報が文字資料として関係者すべてに漏れなく共有されることも大切です。それによって、目指す方向についての認識が揃いやすくなるのではないかと思います」と北村さんは続けます。

次に、能登SDGsラボの特性上、事業実施主体というより、多様な主体を側面から支援する立場になる場面が多いと言います。そこで、主体になる人が動きやすくなるにはどうすればよいか考えるよう「側面支援」を心がけていると北村さん。

「能登SDGsラボの本体は、8つの組織で構成される運営委員会です。各委員は本業でご活躍され、多忙な方々ですが、能登SDGsラボが真の産官学金の協働プラットフォームとして機能するには、委員からの積極的な提案が不可欠です」と言います。

そのために、能登SDGsラボのコーディネーターとして、提案募集を委員に呼びかけたり、提案の様式を提示したり、各段階の進行管理などを行

うことで、具体的なプロセスを設計して示し、委員が自主的に活動の提案・指揮を行いやすくなる環境づくりを行っていると言います。

　こうした事務局側の丁寧なコーディネーションにも支えられ、能登SDGsラボはその取り組みを加速させています。

■SDGsの要素を反映したマイスタープログラムへの発展

　2007年度から開始され、2018年時点で約200名の卒業生を輩出していた「里山里海マイスター育成プログラム」も、2019年度から「里山里海SDGsマイスタープログラム」に名称が変わり、SDGsの要素をこれまで以上に反映したカリキュラムに再構成して、プログラムを提供しています。

　北村さんは、「2020年のプログラム改変後に、SDGsが講義に組み込まれるようになったことは大きな変化です。また、カードゲームを使った学習をマイスタープログラムで採用したのもSDGsがきっかけです。2030SDGsカードゲームを実際に講義として実施するなど、カリキュラムに新しい風が吹き込まれたと感じています。さらに、2019年12月に開催した一般公開の講義『能登SDGsセッションズ』では、4名のプログラム修了者から活動事例の紹介を行った後、参加者を4つの班に分けて、それぞれの事例の特色をSDGsの視点から整理するワークショップを実施するなど、カリキュラムにも新たな工夫が加わるようになりました」と、プログラム改変による変化について教えてくれました。

　また、2018年度からマイスタープログラムと能登SDGsラボの共同事業として、各年度の卒業研究の中で、SDGsの視点で優れたもの、あるいは今後の発展が期待できるものを表彰する「マイスターSDGs奨励賞」を授与しています。

　2020年度の受賞研究である松田行正さんの「のとジン開発への取組」は、昨今、各地で見られるクラフト・ジンの機運の高まりを受けて、能登

図4　松田行正さんによる研究の成果である「のとジン」は商品化されている（提供：ご本人）

の里山里海から採れる資源を用いた蒸留酒製造の事業化に向けた検討を行っています（図4）。松田さんは2022年以降の事業化に向けて、2020年秋に元能登学舎スタッフの生態学者と珠洲市内の里山を散策して素材を探したり、マイスタープログラム修了生のネットワークを活用して材料調達を行ったりしています。プログラムの改変後は、プログラムを通じてSDGsの観点を学ぶことができ、こうした新たな価値を創造する際にも、経済・社会・環境の三側面やSDGsの達成を考慮した事業の創出が行われていることは大きな変化と言えるのではないでしょうか。

■事業構想大学院大学との連携

　こうした取り組みを続ける能登SDGsラボは、2021年度から東京に本拠を置く事業構想大学院大学（学校法人先端教育機構）と連携し、珠洲市をフィールドに、社会課題を解決する新事業を創出する実践型のプログラム「新事業プロジェクト研究」を開始しました。

　このプログラムでは、15人を定員とする研究員がSDGsと事業構想の

両方を基礎から学びながら、事業を生み出していきます。多彩なゲスト講師などからの講義を受ける機会なども設けられており、2021年6月から2022年2月にかけ、20回にわたる研究会を現地（珠洲市）とオンラインを組み合わせたハイブリッドで進められます。事業の持続性・成長性を確認する収支計画の策定や、マーケティング等についても学ぶことができるカリキュラムは、事業構想大学院大学の強みを活かしたものと言えます。

　このプログラムが始まった背景について、金田さんは「東京の医薬品商社アステナホールディングスの岩城慶太郎社長が、旅行で珠洲を訪れたことで、珠洲市と同社のご縁が始まりました。岩城社長が、事業構想大学院大学で主任研究員を務めておられることもあり、今回のプログラム開始につながっています」と語ります。

　同社は、市の施設だった旧文藝館に珠洲本社を設置し、前述の「新事業プロジェクト研究」の会場にも使用しています。

　過疎地域は都市部と比較すると、少子高齢化などの課題も深刻です。しかし、このプログラムでは、過疎地域こそビジネスのシーズがある課題先進地域であると捉え直すことで、新事業を創出しようとしています。事業の創出に専門性のある事業構想大学院大学に能登SDGsラボから業務委託されて運営されるこのプログラムから、今後どのような新規事業が誕生するのか、期待が高まります。

4 消滅都市ではなく持続可能な「先端」都市へ

■「誰一人取り残さない」SDGsの視点から生まれる商品

　これまでの能登SDGsラボの研究成果は、着々と地域経済の活性化に貢献し始めています。例えば、道の駅「狼煙（のろし）」で2020年から販売されている「豆乳マヨネージュ」は、能登SDGsラボの後押しで開発された商品で

す。地場産の大浜大豆の豆乳でつくられており、卵アレルギーのある人に
もマヨネーズを使ってほしいとの思いが込められているそうです。

　この開発は、独立行政法人中小企業基盤整備機構が運営する起業家育成
賃貸施設「いしかわ大学連携インキュベータ（i-BIRD）」に、能登SDGs
ラボがサテライトオフィスを設置したことがきっかけでした。同施設に、
金沢市に本拠を置く食品メーカーが入居しており、豆乳マヨネージュの共
同開発に至ったのです。さらに珠洲市内で「道の駅すずなり」を運営する
NPO法人能登すずなりと食品メーカーの橋渡しを能登SDGsラボが行っ
たことで、梅干し・味噌・いしるの2種類のドレッシング開発にもつなが
りました。これらの商品は2020年11月からは道の駅すずなりで販売さ
れています。現在も、i-BIRDのサテライトオフィスで新たな商品開発が
進められているといいます。

■行政の業務や地域における意識変化

　能登SDGsラボが設置されてすでに3年が経過しましたが、金沢大学や
行政の業務、そして地域等にどのような変化が見られているのでしょうか。
　北村さんは、「能登SDGsラボが設置されたことで、それ以前よりも業
務で関わる年代が広がっています。小学生向けのSDGs教材の開発をす
ることもあれば、公民館長向けのSDGs勉強会を実施するなど、幅広い市
民とともに持続可能な珠洲について考え、行動に移しています。SDGs未
来都市になってから珠洲市が発行する「広報すず」でSDGsを取り上げて
いますし、市役所の広報の担当者がSDGsの視点から記事を作成している
ことが伝わってきます」と、その変化を教えてくれました（図5）。

　能登SDGsラボでは、2020年度に珠洲市教育委員会と協力して、市内
全小学校（9校）の高学年の生徒に向けてSDGsに関する授業を実施しな
がら、SDGs教材を作成、公開しています。このように次世代を担う珠洲
市の子どもたちに向けて、専門性の高い能登SDGsラボが知見を共有して

くれることは、珠洲市にとっても心強いのではないでしょうか。

　また経済の側面についても、金田さんは能登SDGsラボを設置した効果が表れはじめていると言います。

「株式会社イワキさん（現アステナホールディングス株式会社）は、能登SDGsラボがあったことが『新事業プロジェクト研究』を提案した要因の1つだったと言ってくれますし、能登SDGsラボが、市外の企業や移住者に関心を持ってもらうきっかけになっていると感じています。」

　なお、能登SDGsラボが入っている能登学舎そのものも、金沢大学と珠洲市に加え、環境保全活動を行う現地のNPO法人「能登半島おらっちゃの里山里海」の三者で覚書を交わして、多様なステークホルダーの協力のもとで運営されています。能登学舎1階では、地域の女性たちが中心とな

図5　全戸に配布される「広報すず」にもSDGsを意識した誌面が随所に見られる
（出典：「広報すず」2021年6月号）

って、毎週土曜日に「里山里海食堂へんざいもん」が運営され、地域の食材を使った昔ながらの郷土料理が提供されています。へんざいもんとは漢字で「辺採物」と表記され、「家の辺りで採れる食材（もの）』という意味だそうです[注8]。地産地消への意識を自然に浸透させるための工夫がうかがえます。

■地域の潜在能力を引き出し構造転換へ

　永井さんは、「開所からの3年間で、能登SDGsラボには多くの自治体から視察があるなど、先進的な取り組みが全国からも評価されていると感じています。今後は、一人ひとりの住民がより一層主体的にSDGsを進めていくために、住民同士、もしくは住民と市外の人とをつなぐコーディネーションを強化していく必要があります。オンラインなどを通じたコミュニケーションも徐々に浸透していますので、ICTの力も活用しながら進めていくと良いのではないでしょうか」と具体的な展望を語ってくれました（図6）。

　珠洲市の職員としても地域に貢献し続けてきた金田さんは、「市の最重

図6　永井三岐子さんは北陸地方のSDGs推進を担うキーパーソン（提供：UNU-IAS OUIK）

要課題が人口減少であることは今も変わりません。しかし、消滅する自治体ではなく、住民が幸福を感じられる持続可能な都市に構造転換して行かなければなりません。そのために、能登SDGsラボが先導して、環境と経済が両立する魅力的なまちにすることが必要です。能登地域の潜在能力を引き出していくことが求められていると思います。過疎化に歯止めをかけながら、持続可能な都市を目指していきます」と力強く語ってくださいました。

　SDGsをきっかけに、豊かな自然という環境の側面と、持続可能なまちづくりに必要な経済の側面の両立を図ることで、伝統文化の存続や質の高い教育の確保といった社会の側面にも相乗効果をもたらそうとしている珠洲市は、過疎化に悩む自治体にとって、とても参考になる事例ではないでしょうか。

■注釈

注1　国連広報センターウェブサイト〈https://www.unic.or.jp/activities/economic_social_development/sustainable_development/2030agenda/sdgs_logo/sdgs_icon_black_and_white/〉（最終アクセス：2021年4月10日）

注2　UN（2019）「The Sustainable Development Goals Report 2019」p.7

注3　UN（2020）「The Sustainable Development Goals Report 2020」p.7

注4　珠洲市（2020）「珠洲市人口ビジョン（改訂版）」〈https://www.city.suzu.lg.jp/data/open/cnt/3/1036/1/R2_jinnkou_vision.pdf?20200409102005〉

注5　世界農業遺産とは、「社会や環境に適応しながら何世代にもわたり継承されてきた独自性のある伝統的な農林水産業と、それに密接に関わって育まれた文化、ランドスケープ及びシースケープ、農業生物多様性などが相互に関連して一体となった、世界的に重要な伝統的農林水産業を営む地域（農林水産業システム）を、国際連合食糧農業機関（FAO）が認定する制度」で、日本国内では、2020年4月現在、11地域が認定されている（出典：農林水産省「世界農業遺産」〈https://www.maff.go.jp/j/nousin/kantai/attach/pdf/index-3.pdf〉（最終アクセス：2021年6月12日））

注6　日本が先進国として直面する課題の解決と、新たな可能性の創造によってもたらされる、豊かで快適でプラチナのように威厳をもって光り輝く社会（プラチナ社会）のモ

デルを示すことを目的に創設された賞で、「プラチナ大賞運営委員会」と「プラチナ構想ネットワーク」によって主催されている（出典：プラチナ構想ネットワーク・ウェブサイト「プラチナ大賞とは」〈https://www.platinum-network.jp/activity/pt-taishou/〉（最終アクセス：2021 年 6 月 15 日）を基に筆者作成）

注 7　特定創業支援事業による経営セミナーまたは創業塾で、経営、財務、人材育成、販路開拓の 4 分野すべてを受講し、創業した場合、登録免許税の軽減措置、信用保証枠の拡大など国の優遇措置を受けることができる（出典：珠洲市ウェブサイト「創業支援事業計画について」〈https://www.city.suzu.lg.jp/sangyosinko/sougyousienkeikaku.html〉（最終アクセス：2021 年 6 月 12 日））

注 8　金沢大学能登里山里海 SDGs マイスタープログラム・ウェブサイト「能登学舎ごあんない〜その 2 食堂『へんざいもん』」〈https://www.crc.kanazawa-u.ac.jp/meister/post/660/〉（最終アクセス：2021 年 6 月 12 日）

事例 5 エネルギーの地産地消で創る都市・山村地域の未来像

愛知県豊田市 × 株式会社三河の山里コミュニティパワー

—豊田市

1 求められる再生可能エネルギー利用の拡大

　私たちが日常生活を送るために、エネルギーは必要不可欠です。照明や冷蔵庫、テレビ、エアコンなどの家電製品を使う際、日本に暮らす私たちは当たり前のように電力を消費していますが、世界中すべての場所が同じ状況にあるわけではありません。実は、日常的に電力を利用できない人は世界で7億5,900万人にも上ります[注1]。

　こうした背景から、SDGsのゴール7「エネルギーをみんなに そしてクリーンに」では、ターゲット7.1に「2030年までに、安価かつ信頼できる現代的エネルギーサービスへの普遍的アクセスを確保する」ことが掲げられています（図1）。

図1　SDGs のゴール 7「エネルギーをみんなに そしてクリーンに」
（出典：国連広報センター[注2]）

　また、再生エネルギーの比率を高める努力も求められています（ターゲット 7.2）。資源エネルギー庁によると、2019 年度における日本の再生エネルギー電力比率（水力を除く）は 18.0％と、天然ガス（37.1％）や石炭（31.9％）とは開きがあります[注3]。

　カーボンニュートラル[注4] を目指す日本において、再生エネルギーの普及拡大は、生活に身近な話題の 1 つでしょう。ここでは、再生エネルギーを普及させながら地域の課題解決に挑む、愛知県豊田市による公民連携の取り組みをご紹介します。

2 エネルギー利用の未来像を示す都市の場づくり

■次世代エネルギー実現のトップランナー

　2018 年に SDGs 未来都市に選定された豊田市は、愛知県中部に位置し、人口は約 42 万人（2021 年 8 月 1 日現在）[注5] を抱える中核市です。市名は、自動車産業とともに発展することを誓って「豊田市」と名付けられており、同社と関連企業で働く人々も多く暮らす「ものづくりのまち」です。2005 年に周辺の 6 町村を編入したため、その面積は愛知県全体の 17.8％[注5] を占め、市域の中に都市と山村が共存しています。

　豊田市は、2009 年に国から SDGs 未来都市の前身に当たる「環境モデル都市」に選定され、2010 年には「次世代エネルギー・社会システム実証地域」に指定されました。これを機に、市と先進企業・団体から構成さ

れる「豊田市低炭素社会システム実証推進協議会」が設立され、低炭素社会システムの構築に向けた実証が行われてきました。この協議会は、2016年10月に改組し、後継団体として「豊田市つながる社会実証推進協議会」が設立されています。

　協議会の活動内容には、①資源・エネルギーの地産地消、②超高齢社会への対応、③交通安全の推進が挙げられ、行政（豊田市と愛知県）、企業、学術研究機関の計83団体（2021年10月1日現在）が加入する大規模なプラットフォームとなっています。この「豊田市つながる社会実証推進協議会」は、市内の都市地域において先進技術を活用した地域課題解決の場として位置づけられ、主に市内山村地域への移住支援や課題解決を行う「おいでん・さんそんセンター」と連携して、都市と山村が垣根を超えてつながることで、持続可能なまちづくりを実現しようとしています。

■「エネルギー」「モビリティ」「ウェルネス」を3本柱に

　こうした背景から、豊田市では「エネルギー」「モビリティ」「ウェルネス」に重点を置き、SDGs達成に向けた取り組みが推進されています。豊田市は、エネルギーとは「無理なく無駄なく快適に、低炭素な暮らしに転換」すること、モビリティとは「誰もがどこからでも移動できる自由」、そして、ウェルネスとは「心身が健康で、生きがいと満足感のあるそれぞれの暮らし」と定義しています[注6]。

　エネルギー分野においては、2019年11月、2050年における二酸化炭素排出量実質ゼロを目指す「ゼロカーボンシティ宣言」を発表しました。脱炭素社会の実現に向けて、市民・事業者・行政が一丸となって取り組んでいく第一歩を踏み出したのです。

　もともと豊田市は、2009年に環境モデル都市に選定された際、2050年までに二酸化炭素排出量を1990年度比で70%削減するという野心的な目標を設定していました。こうした取り組みを加速させるとともに、二

酸化炭素フリー水素の活用をはじめとした技術革新を加えることで、カーボンニュートラルを実現しようとしています。

■エネルギー利用の未来像を体感できる「とよた Ecoful Town」

こうした3つの重点分野を掲げる豊田市の目指す未来像を具体的にイメージし、体感できる場所が「とよた Ecoful Town」（以下、エコフルタウン）です。SDGsを意識した敷地内の様々な展示から、未来の豊田市がイメージできます。

例えば、燃料電池自動車（FCV）の水素燃料を充填（じゅうてん）する水素ステーションでは、水素製造やFCVについての説明が受けられます。ステーションには水素製造装置が備わっており、トヨタ自動車製のFCV「MIRAI（ミライ）」約30台分の水素を製造・貯蔵できます。実際に、市の公用車として2021年4月に導入されたMIRAIや、市内を走る燃料電池式のコミュニティバスへの水素充填も行われています。

また、IT（情報技術）を駆使して太陽光発電などの設備や家電を管理し、家庭内のエネルギー利用を最適化できる「スマートハウス」も2棟展示されています。その1つ「車とつながる家」では、プラグインハイブリッド車（PHV）が家庭用電源から充電する様子も見学できます（図3・左）。

さらにエコフルタウンでは事前予約制のガイドツアーも実施しています。

図2　市内で運行されている燃料電池バス「SORA」（写真左）は、エコフルタウン内に設置された水素ステーション（同右）でも、水素充填が行われている

図3　スマートハウスでは、PHV を充電している様子を見学できる（写真左）。
COMOVE は、初めて乗車する人も十分に操作可能だ（同右）

歩道などでの利用に適した三輪の超小型モビリティ「COMOVE」をはじめ、超小型電気自動車（C⁺pod）などにも試乗可能です注7。

　レストラン「ほがらかふぇ」では、地産地消を意識して豊田市産の農作物を使ってつくられた料理が楽しめます。また、建物にも豊田市産の木材が使用されている徹底ぶりです。さらに、市内にある県立豊野高校の生徒の発案で、ランチの売上の一部が市内の子ども食堂に寄附されるなど、SDGs の達成に向けた工夫が随所に見られます。

　またパビリオンでは、豊田市の成り立ちや特徴を学べるプロジェクションマッピング「とよたマッピングビジョン」や、豊田市の SDGs 未来都市としての取り組みをゴールごとに紹介したコーナー、そしてタブレット端末をかざすと 50 年後の豊田市の姿を垣間見ることができる壁面展示「とよたタイムトリップ」（図4・左）などを通じて、SDGs と持続可能なまちづくりに向けた取り組みを知ることができます。

　このようにエコフルタウンは、豊田市が「ミライのフツーをつくろう」を合言葉に企業・団体、そして市民が分野の垣根を越えてつながり、SDGs達成や持続可能なまちづくりを進める拠点となっているのです。

図4　パビリオン内部では、大人も子ども一緒にSDGsの概要や豊田市の取り組みについて、楽しみながら学ぶことができる

■クルマの外部給電機能を活用した「SAKURAプロジェクト」

　次世代自動車を災害時に活用しようと豊田市が実施しているのが「SA-KURAプロジェクト」です。

　これは、電池と外部給電機能を備えたPHVやEVなどを非常用電源として活用する取り組みです。各家庭における非常用電源としての自家用車の使用促進や、市内の避難所における開設時の電力としての公用車等の確保が行われています。2021年度には、26カ所の避難所と外部給電車両とを接続する設備が整備完了する予定になっています。

　豊田市未来都市推進課の山井一晃さん（図5）によれば、公用車である新型MIRAIは、1台で4,500ワットを出力することができ、電気ポットや電子レンジなどほとんどの家電製品を動かすことができます。また、一般家庭4日分の電力を賄えるといいます。

3　電力を中心に据えた持続可能な中山間地域づくり

■電力事業で挑む山村地域の課題解決

　一方、豊田市の市域の約7割は山林が占めており、頻発する自然災害に

図5　左から豊田市未来都市推進課の山井一晃さん、中神泰次さん、長島奈緒さん、泉川雅子さん（国連地域開発センターに出向中）

伴う長期停電のリスクや、過疎や高齢化といった課題も抱えています。

　こうした山村地域の課題解決に向けて、豊田市と名古屋大学は共同で、高齢者を含むすべての人が住み慣れた地域で暮らせるよう、見守り・外出促進・移動支援を行う「たすけあいプロジェクト」を2016年から3年間実証事業として実施しました。その後、このプロジェクトは、「株式会社三河の山里コミュニティパワー」（以下、MYパワー）が引き継ぎ、実施しています。MYパワーは、豊田市と中部電力株式会社（以下、中部電力）、一般社団法人三河の山里課題解決ファームの3者が、市長を会長とする「豊田市つながる社会実証推進協議会」の取り組みの一環として締結した協定に基づき、新電力の小売と地域課題解決を推進しており、地域課題解決事業の1つとして、「たすけあいプロジェクト」を継続実施しています。

■域外に流出しない電力調達の仕組みづくり

　MYパワーが専門家に依頼して実施した統計調査では、これまで豊田市の山村地域（準山村含む）で年間25.5億円の電気代が地域外の電力会社

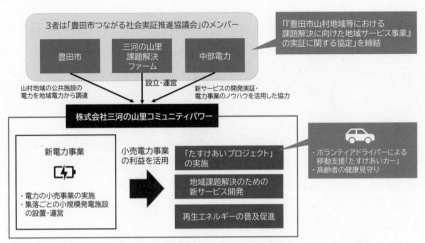

図6　協定によって山村地域の課題解決に向けた公民連携の体制が構築されている[注8]

に支払われていたことが判明しています[注9]。MY パワーは、こうした事態を打開し、新電力を用いた地域内経済循環を実現しようとしています。

　「山村地域では、土地の所有者が畑の草刈りを行えず、耕作放棄地が増加するなど、高齢化に伴う問題が発生しています。こうした課題の解決に必要な資金の確保にあたり着目したのが、従来は域外に流出していた電気料金でした。そこで、電力の小売会社を立ち上げ、売電などで得た収入を地域の課題解決に回そうと考えたのです」と、MY パワーの専務取締役である萩原喜之さんは話します。

　前述の協定に基づいて、中部電力は MY パワーに電力事業で培ってきたノウハウを活用して協力し、豊田市は山村地域にある公共施設の電力（約700 契約）を MY パワーから購入することで、MY パワーの地域課題解決事業に必要な経営基盤の安定化に協力しています（図6）。

　豊田市未来都市推進課の中神泰次課長は「市は、電力の調達先を大手電力会社から MY パワーに変更することで、山村地域の課題解決に大きな効果をもたらすと期待しています」と、そのインパクトを語ります。

　当面は MY パワーが系統の電力を域内で販売しますが、将来的には各集

図7　関原康成さん（写真左）と萩原喜之さん（同左）は、「過疎や高齢化など山村地域が抱える課題に対して、地域と一緒に解決策を考えていくことが大事」と話す

落に設置された太陽光や小水力による小規模な発電を域内で行う仕組みも構想されています。

　MYパワーの事業が円滑に実施できている背景について、MYパワー取締役の関原康成さんは「弊社が2年間にわたって毎週開催している経営会議に、豊田市、中部電力がオブザーバーとして参加することで情報共有を図りながら事業を進めてきました。こうした積み重ねがあったからこそ、関係性を構築できたと感じています」と語ります（図7）。

■山村地域のモビリティ維持への取り組み

　山村地域においては、高齢者の移動手段の維持も喫緊の課題です。公共交通機関が必ずしも十分とは言えず、自家用車を持たない高齢者が買い物や通院などの移動時に不便が生じているためです。

　高齢者のニーズに配慮した、安全かつ安価で持続可能な輸送システムへのアクセスの確保は、SDGsのゴール11「住み続けられるまちづくりを」に

設定されたターゲットの1つに掲げられています注10。MYパワーが実施する「たすけあいプロジェクト」でも、住民の生活見守りと外出促進をつなぐ事業として移動支援が位置づけられています。

　例えば、マッチングシステムを用いて、地域のボランティアドライバーとの相乗りで高齢者の移動を支援する「たすけあいカー」はその1つです。利用者はボランティアドライバーに対し、燃料代の実費分として地元商品券と交換できる「たすけあいポイント」を支払う仕組みになっています。当初は、高齢者にもタブレット端末にダウンロードしたアプリを通じて配車の予約を求めていましたが、2020年からは事務局への電話で予約できるプランも開始しています。

　このように、「電力（エネルギー）」「移動手段の確保（モビリティ）」「福祉（ウェルネス）」という豊田市の3つの重点分野にまたがる多様な公民連携プロジェクトについて、「まさにSDGsを実現するものだと感じています」と、萩原さんは力強く語ってくれました。

4 普及・啓発から自律的な実施のステップへの展開

■再生可能エネルギーの地産地消に向けた実証事業

　豊田市は、市の清掃工場である渡刈クリーンセンターの廃棄物発電施設や面ノ木風力発電所で発電された電力を、市内公共施設や、民間企業の工場・事業所等で使用する「SDGsとよた再エネチャレンジ」も実施しています。

　2020年1月、渡刈クリーンセンターは、廃棄物発電設備としては全国で初めてグリーン電力発電設備に認定されました注11。

　再生可能エネルギー由来の電力は、電気としての価値だけでなく、二酸化炭素を排出しないという「環境価値」を持っています。市はこの点に着

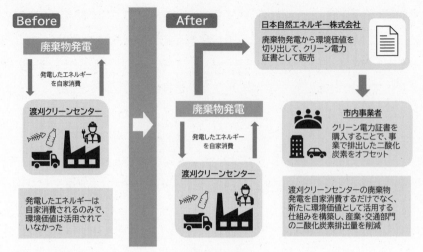

図8　渡刈クリーンセンターによる環境価値の提供スキーム[注12]

目し、渡刈クリーンセンターで発電された電力の環境価値を証明する「グリーン電力証書」を販売元である日本自然エネルギー株式会社から事業者が購入することで、自社の企業活動で発生する二酸化炭素をオフセット[注13]する仕組みを構築しました（図8）。これにより、再生エネルギー自体のみならず、それを用いて生み出された環境価値を有効に活用することができます。

　実際に、Jリーグに所属するサッカークラブ・名古屋グランパスが、「CO₂フリーチャレンジ」と題して、市立藤岡南中学校の太陽光発電設備の「グリーン電力証書」を購入し、2019年夏に豊田スタジアムで開催された公式戦2試合分の電力をオフセットした例もあります。証書の購入費用はサポーターが購入した名古屋グランパス関連グッズの費用で賄われるなど、市民参加型で取り組む工夫も講じられています。

■多様なパートナーとともにアプローチするSDGsの経済的側面

　豊田市は、SDGs達成に向けて市と連携した取り組みや活動を実施して

いる、または実施予定がある企業・団体等を「とよた SDGs パートナー」として登録する制度も実施しています（図9）。

　とよた SDGs パートナーに登録された企業・団体は、2021 年 8 月末時点で 338 団体に達します。これらのパートナー企業・団体は、SDGs の達成に向けて自分たちができる行動を考え、積極的に活動を展開していると言います。

　市が地道に普及を進めてきた段階から、登録団体も増加し、自発的な活動が見られている段階への変化について、豊田市未来都市推進課の長島奈緒さんは、次のように話します。

「SDGs の普及・啓発に重きを置いていた段階から、市内企業・団体による自発的な取り組みが進む段階に着実に進んでいると思います。今後は、投融資機会の拡大など、経済的な側面に踏み込んだ認証制度を構築し、地域内の経済循環へとつなげていきたいと考えています。」

　豊田市は、SDGs の普及を目的として実施してきた企業による「登録」の段階に加え、金融機関からの融資や SDGs を媒体としたビジネスマッチングを行える「認証」制度の構築を進めています。地域内の自律的好循環の確立を目指した認証制度は 2023 年度からの開始を目指しています。

　こうして、1 つひとつのプロセスを着実に歩みながら、複合的な取り組みを展開し、豊田市は都市・山村にまたがる幅広い市域の課題を解決しようとしています。

図9 「とよた SDGs パートナー」登録企業・団体が使用できるロゴ（提供：豊田市）

■注釈

注1　国連広報センターウェブサイト「持続可能な開発(SDGs)報告 2021」〈https://www.unic.or.jp/activities/economic_social_development/sustainable_development/2030agenda/sdgs_report/〉（最終アクセス：2021 年 10 月 2 日）

注2　国連広報センターウェブサイト〈https://www.unic.or.jp/activities/economic_social_development/sustainable_development/2030agenda/sdgs_logo/sdgs_icon_black_and_white/〉（最終アクセス：2021 年 4 月 10 日）

注3　資源エネルギー庁ウェブサイト「日本のエネルギー 2020 年度版『エネルギーの今を知る 10 の質問』」〈https://www.enecho.meti.go.jp/about/pamphlet/energy2020/〉（最終アクセス：2021 年 9 月 4 日）

注4　カーボンニュートラルとは、「二酸化炭素をはじめとする温室効果ガスの『排出量』から、森林などによる『吸収量』を差し引いて、合計を実質的にゼロにすること」を指す（出典：環境省脱炭素ポータル「カーボンニュートラルとは」〈https://ondankataisaku.env.go.jp/carbon_neutral/about/〉（最終アクセス：2021 年 9 月 18 日））

注5　豊田市ウェブサイト「こんなまち とよた（市の概要）」〈https://www.city.toyota.aichi.jp/shisei/profile/1029019/index.html〉（最終アクセス：2021 年 9 月 4 日）

注6　豊田市「豊田市 SDGs 未来都市計画（2021 ～ 2023）」

注7　超小型電気自動車「COMS」の試乗体験には普通自動車免許が必要

注8　豊田市「豊田市山村地域等における課題解決に向けた地域サービス事業」の実証に関する協定の締結について　報道機関配布資料・参考資料〈https://www.city.toyota.aichi.jp/_res/projects/default_project/_page_/001/031/592/02.pdf〉を参考に筆者作成

注9　株式会社三河の山里コミュニティパワー「MY パワー NEWS」創刊号、2021 年 2 月

注10　ターゲット 11.2 に「2030 年までに、脆弱な立場にある人々、女性、子供、障害者及び高齢者のニーズに特に配慮し、公共交通機関の拡大などを通じた交通の安全性改善により、全ての人々に、安全かつ安価で容易に利用できる、持続可能な輸送システムへのアクセスを提供する」と設定されている

注11　「石油・石炭・天然ガス等の化石燃料による発電でないこと」をはじめ、一般財団法人日本品質保証機構が定めた要件を満たしたグリーン電力を発電する発電設備のうち、認定の要件を満たしていると判断されたものに対して、発電設備認定の認定証が交付される（一般財団法人日本品質保証機構「グリーン電力認証基準」〈https://www.jqa.jp/service_list/environment/service/greenenergy/file/flow/power_standard.pdf〉（最終アクセス：2021 年 10 月 6 日））。ほかに、自治体が申請者であるクリーン電力発電認定設備には、風力では横浜市風力発電所（神奈川県横浜市）、水力では森ヶ崎

水再生センター（東京都下水道局）などが挙げられる

注12　豊田市ウェブサイト「報道発表資料　全国初、渡刈クリーンセンターの廃棄物発電設備がグリーン電力発電設備に認定」添付資料〈https://www.city.toyota.aichi.jp/_res/projects/default_project/_page_/001/037/450/01.pdf〉を参考に作成

注13　オフセットとは、「日常生活や経済活動において避けることができない CO_2 等の温室効果ガスの排出について、まずできるだけ排出量が減るよう削減努力を行い、どうしても排出される温室効果ガスについて、排出量に見合った温室効果ガスの削減活動に投資すること等により、排出される温室効果ガスを埋め合わせるという考え方」（出典：環境省「カーボン・オフセット」〈https://www.env.go.jp/earth/ondanka/mechanism/carbon_offset.html〉）

■参考文献

1. 豊田市「SDGs コンセプトブック ミライのフツーをつくろう」
2. 豊田市「とよた SDGs グッドプラクティス」

事例 6 地元企業の経営課題克服とイノベーション促進

滋賀県 × 経済界 × 金融機関

滋賀県

1 日本を支える中小企業と SDGs

■日本の企業の大半を占める中小企業

　自分が暮らすまちにある企業を何社くらい思い浮かべることができるでしょうか。もしかしたら、日本中の誰もが知っているような、いわゆる大企業はないかもしれません。

　しかし、まちには多くの企業が活動し、私たちの仕事を生み出し、生活を便利にしてくれています。SDGs にはゴール 8「働きがいも 経済成長も」をはじめとして、企業を対象にしたターゲットが多く設定されており、持続可能な社会を構築する上で、地域の未来を行政や住民ともに考える企業は、まちにとって大切な存在です（図1）。

図1 SDGs のゴール8「働きがいも　経済成長も」
（出典：国連広報センター注1）

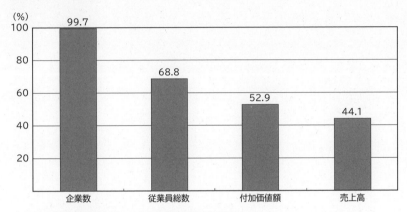

資料：総務省・経済産業省「平成28年経済サンセス-活動調査」再編加工
（注）1. 民営、非一次産業の合計
（注）2. 企業数、従業員総数は2016年の実績、付加価値額、売上高は2015年の実績である

図2　2016年における日本国内全企業に占める中小企業の企業数等の割合（出典：中小企業庁（2019）『2019年度版 中小企業白書』注2）

　日本の企業数の99.7％は中小企業です。また、日本の企業全体に占める中小企業の従業者総数は70％近くに達しますから注3、その力はSDGsにとって必要不可欠であると言えるでしょう（図2）。

■ SDGs への認知度とアクションで後れを取る中小企業

　中小企業の中にも、SDGsの推進に向けて取り組んでいる企業は多くあります。しかし、情報や資金が豊富な大企業に比べると、様々な悩みがあるようです。

　経済産業省関東経済産業局が11都県注4を対象に、2018年10月に実施した「中小企業のSDGs認知度・実態等調査」によると、調査対象500

社のうち、84.2%は「SDGsについて全く知らない」と回答しています。「既に対応・アクションを行っている（1.2%）」と「対応・アクションを検討している（0.8%）」と回答した企業を合わせても、2%という結果です。

　また、中小企業が「SDGsに取り組む際の課題」については、「社会的な認知度が高まっていない（46.0%）」という回答が最も多く、次いで「資金の不足（39.0%）」「マンパワーの不足（33.6%）」「何から取り組んでいいかわからない（30.2%）」と続きます（図3）。

　この調査からは、SDGsに取り組みたいと考える中小企業にとって、どのように取り組んでいけばよいか、相談に乗って伴走してくれる存在が必要なのだと分かります。言い換えれば、そうした伴走者と言える存在とともに、資金や人材といった課題を解決していくことが、中小企業のSDGs推進の鍵になるのです。

　その好事例が、この調査と同時期に設立され、「しがハブ」という愛称で知られる「滋賀SDGs×イノベーションハブ」（以下、しがハブ）です。

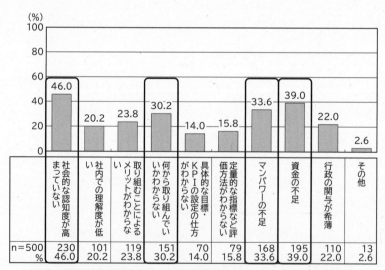

(%)	社会的な認知度が高まっていない	社内での理解度が低い	取り組むことによるメリットがわからない	何から取り組んでいいかわからない	具体的な目標・KPIの設定の仕方がわからない	定量的な指標など評価方法がわからない	マンパワーの不足	資金の不足	行政の関与が希薄	その他
n=500	230	101	119	151	70	79	168	195	110	13
%	46.0	20.2	23.8	30.2	14.0	15.8	33.6	39.0	22.0	2.6

※上段は回答数（複数回答可）、下段は全対象企業数（500社）に占める回答した企業の割合

図3　SDGsに取り組む際の課題（出典：関東経済産業局・一般財団法人日本立地センター「中小企業のSDGs認知度・実態等調査結果概要（WEBアンケート調査）」注5）

2 行政・経済界の熱意から生まれた戦略的組織

■「しがハブ」の設置

　「しがハブ」のある滋賀県は、都道府県の中でも早くから SDGs の推進を進めてきました。その端緒は、SDGs 未来都市の選定が始まる 1 年以上も前、2017 年初頭にさかのぼります。三日月大造滋賀県知事が、新年の挨拶で「私たち滋賀県は琵琶湖をお預かりしているのだから、琵琶湖を中心に自然環境と共生する、すべてのひとが共生できる、琵琶湖新時代を作ろうという旗印のもと、SDGs を『新しい豊かさ』というコンセプトを具現化するためのアプローチとして活用しよう」と呼びかけたのです[注6]。

　その後、2018 年 3 月には、滋賀経済同友会が「SHIGA 戦略的 CSR 経営モデル 2030」を滋賀県知事に提言しています。これは「21 世紀にふさわしい『滋賀の産業モデル』を確立するため、2030 年の滋賀の『ありたい姿』を念頭に、社会的課題を解決するべく、自社の強みを活かして、新機軸のビジネスモデルを構築する新たな経営戦略[注7]」を指します。この提言を踏まえ、「しがハブ」の設立が提案されました。そして、2018 年 4 月から、滋賀 SDGs ×イノベーションハブの設置に向け準備室が立ち上がり、半年間の準備期間を経て、10 月に「しがハブ」が開所しました。

　行政側で「しがハブ」を所管する滋賀県商工観光労働部商工政策課課長補佐の今井透さんは、その意義について「SDGs に取り組む県内企業の価値が向上し、新たなビジネスの創出につながることで、本県経済の活性化に寄与します。また、SDGs の推進や、社会貢献に力を入れている企業に就職したいと考える学生にとって、そういった企業が県内に多くあることは、東京や大阪ばかりではなく、滋賀県内の企業も就職先の選択肢に入り、若者の流出人口が減ることにもつながります」と語ります（図 4）。

　「しがハブ」は、県内の商工団体や労働福祉団体が集まる施設「コラボし

図4　内閣府の優良事例表彰を掲げる滋賀県商工政策課の今井透さん（写真中央）

が21」内で、起業家を支援する施設「創業オフィス」などが所在する4階フロアに設置されました。3年間の時限的な組織であり、実行委員会形式で、人員と資金を負担しています。事務局は、滋賀県、滋賀銀行、関西みらい銀行から出向した職員で構成されており、行政と経済界が力を合わせて進めています。運営に要する資金は県と経済界（滋賀経済同友会）で折半しています。

　今井さんはその設立の経緯を思い起こしながら、「官民連携によるSDGsの達成に向けて、人事や予算等の制約が多い行政制度・システムの変革にもつながる可能性を示してくれたように思います」と話してくれました。

■産官金連携の強みを活かす SDGs 達成支援

　こうして設立されたしがハブは、「社会的課題を解決するビジネスを創りませんか」というキャッチフレーズを掲げ、SDGsを活用した新たなビ

ジネスモデルの創出を支援してきました。産官金のプラットフォームとして、職員それぞれの強みも生かしています。

　例えば、滋賀銀行・関西みらい銀行から出向した職員は、企業との調整や営業に長けていることから、イノベーションの創出活動を担当し、滋賀県から出向した職員は、SDGs の普及啓発を担当するなど、それぞれの得意分野でお互いに協力して運営してきたといいます。

　県からの出向で 2 年半にわたって勤務した國友圭子さんは「企業が課題を持ち寄る来店型よりも、企業に課題を提案していくスタイルが多く、企業の得意分野や思いを聞き取りながら、課題意識を引き出すことを意識していた」といいます。

3 SDGs 普及に焦点を当てた地元企業へのサポート

■企業への SDGs の浸透を目指した 5 つの活動

　それでは、取り組まれた主な 5 つの活動を具体的にご紹介しましょう。

①イノベーション創出活動

　しがハブは、滋賀県の社会課題解決につながるビジネスモデルの創出と、21 世紀にふさわしい新たなビジネスモデルの構築を目指し、企業の強みを活かしたイノベーション創出の支援を実施しました。キノコ栽培事業における材料・製造・栽培・消費・廃棄まで、すべてを県内で完結させ、その循環的なモデルの中で高齢者や障害者の働く場を作り出す「きくらげ生産を核とした地域循環経済の構築プロジェクト」をはじめ、36 件ものプロジェクト[注8] が行われました。

②プロジェクト支援活動

　県内の社会課題解決に向けて新たに取り組むプロジェクトに、必要な経費の一部を助成することで、SDGs の達成につながるビジネスの立ち上げ

と広がりを支援する活動です。2018年から2021年までに4件の助成が行われました。

③普及啓発活動

　県内企業へのSDGsの普及を促進する活動で、これまで計8回にわたるセミナー・ワークショップを開催しています。しがハブ開所3カ月後の2019年1月に実施された第1回から、最終回が実施された2021年1月までの間、地域でのSDGsの促進や、アウトサイドイン[注9]といった、SDGsビジネスに向けて企業が必要とするテーマで実施されました。

④SDGs宣言のサポート活動

　SDGs宣言とは、SDGsの17あるゴールを参考にして自社が取り組む優先項目について分析し、自社のSDGsに対する取組方針とともに社内外に公表することを指します。滋賀県内でSDGs宣言を実施している団体の数は、2018年3月時点でわずか7団体でしたが、2021年3月には100団体まで増加しています。しがハブでは、このSDGs宣言を作成するプロセスを3つのステップで分かりやすく提示しており、ほかの自治体にとっても参考になります（図5）。

　まずステップ1の「事業の分析と検討」では、SDGsを理解した上で、それぞれの事業をSDGsの17項目と紐付け、将来における社会的影響を評価して、優先的に取り組む課題を決定します。

　次にステップ2の「事業方針を見直し計画策定」では、ステップ1で分析した課題に対する目標を設定します。

　最後にステップ3「SDGs宣言の公表」です。策定したSDGs宣言を、自社のウェブサイト等で公表することで、社外にその姿勢を示すだけでなく、社内に目標を共有することで、多くの従業員がSDGsを自分ごととして捉えることができます。

　このように、宣言の明確な手順を「しがハブ」が体系的に示していることで、県内企業は、行動を起こしやすくなると考えられます。

SDGs 宣言の３ステップ

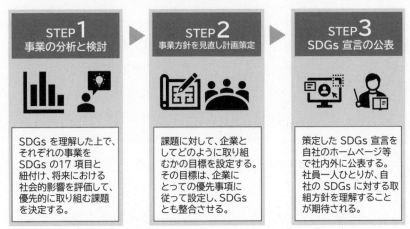

STEP **1** 事業の分析と検討	STEP **2** 事業方針を見直し計画策定	STEP **3** SDGs 宣言の公表
SDGs を理解した上で、それぞれの事業を SDGs の17 項目と紐付け、将来における社会的影響を評価して、優先的に取り組む課題を決定する。	課題に対して、企業としてどのように取り組むかの目標を設定する。その目標は、企業にとっての優先事項に従って設定し、SDGs とも整合させる。	策定した SDGs 宣言を自社のホームページ等で社内外に公表する。社員一人ひとりが、自社の SDGs に対する取組方針を理解することが期待される。

図5　SDGs 宣言の３ステップ　（出典：しがハブウェブサイト[注10] を参考に筆者作成）

⑤滋賀 SDGs ×ビジネス表彰

　これまでしがハブが関わってきた事業だけでなく、社会的課題解決を目指して県内企業が取り組んできたビジネスを対象にした「滋賀 SDGs ×ビジネス表彰」を行っています。13 の企業・団体が受賞し、そのうち７企業・団体の事業に「しがハブ」が関わっています。

　こうした表彰制度は、受賞企業の取り組みを加速させたり、ほかの県内企業が SDGs に取り組もうと考えたりするきっかけになるはずです。

■団体の取り組みに新たな視点を加えるサポート

　「しがハブ」による支援を受け、取り組みを加速させた団体の１つが、社会福祉法人わたむきの里福祉会（以下、わたむきの里）です[注11]。滋賀県の南東部に位置する日野町で、わたむきの里は、障害者就労支援施設の運営事業を中心に、障害を抱える人の生活と就労の支援を行っています。

　わたむきの里は、2011 年に「エコドーム」と呼ばれる地域資源回収ス

テーションを設置し、古紙やペットボトルなど18品目に及ぶリサイクル資源を回収、処理を行っています。開設から10年を経て、現在は町民が排出する地域資源のおよそ半分を回収しており、まちのエコセンターのような役割を果たしているといいます。

　エコドームで回収した資源は、できるだけ地域内で再資源化を行えるように工夫されています。例えば、回収した天ぷら油を地元企業に再資源化してもらい、社会福祉施設で使用する送迎車のバイオ燃料として活用しています。この取り組みは、「しがハブ」のプロデューサーである紀戸健治さんのアドバイスによって実現に至った事例です。ほかにも、回収したペットボトル容器をカーペットに再生する事業を、滋賀県内の企業と連携して行っています。これらの取り組みは、ゼロ・エミッションの実現など、SDGsの達成にも貢献するものです。

　このように、「しがハブ」との連携により、これまで実施していたペットボトル等の再資源化に「地域内循環」という視点が加わり、「（ペットボトルを）集める→砕く→商品化する→販売する」という一連の流れをすべて滋賀県内で完結する「ペットボトル資源・地域循環プロジェクト」が実現しているのです。こうした取り組みが評価され、前述の「滋賀SDGs×ビ

図6　立ち上げから運営まで「しがハブ」に尽力した滋賀県職員の國友圭子さん

ジネス表彰」で、わたむきの里は優秀賞にも選出されています。

　ほかにも、「しがハブ」が蒔いた種は、着実に芽を出しています。「例え
ば、役員がSDGsカードゲームのファシリテーター資格を取得する企業が
現れるなど、『しがハブ』が後押ししてきたSDGsとビジネスについて、
少しずつ成果が見えてきたように思います。私自身、業務を通じて企業支
援を経験したことで、別の部署に異動した現在も、異業種のコラボレーシ
ョンを創出しようという目線で業務を捉えることができています。今後は、
ジェンダー平等の実現の視点からも県内で女性起業家の増加を期待してい
ます」と國友さん（図6）。

4 広域自治体だからこそ可能な幅広い連携の橋渡し

■時流を追い風にした長期的な視点

　しがハブが誕生してから、3年以上が経過しました。こうした産官金の
プラットフォームを立ち上げ、取り組みを進める中で、どのように課題と
向き合い、その知見を蓄積してきたのでしょうか。

　これまでにない官民連携のプラットフォームである「しがハブ」は、そ
の設置の検討段階で費用対効果を求める声も寄せられました。

　「しがハブの設置を検討するにあたり、費用対効果を求める声が上がり
ました。費用対効果を明確に示すためには、どうしても定量的な成果を示
す必要があります。そうすると、行政はどうしても『企業のマッチング件
数』のような分かりやすい数字を追い求めてしまいがちです。しかし、し
がハブは、目先の数字を追い求めるのではなく、質の高い取り組みを実現
し、社会的課題を解決することに焦点を置いて進めてきました。それには、
滋賀経済同友会の『ニュー・グリーン成長社会研究会』のような経済界の
後押しがありましたし、知事の理解があったことも大きいと思います。知

事が2020年の新年の抱負で『チェンジ（Change）、チャンス（Change）、チャレンジ（Challenge）の年』と述べたように、東京オリンピックをはじめとした大規模な催し物を控えていたので、2018年は"万載一遇"のチャンスだったと言えます」と滋賀県企画調整課の辻勝郎さんは教えてくれました。

■広域自治体のネットワークを活かした人材発掘と環境整備

　ビジネスとSDGsのマッチングを行う「しがハブ」のような拠点は、どこの自治体でも有効に機能するのでしょうか。

　今井さんは、「各都道府県の様々な企業・団体にSDGsビジネスを実現できるキーパーソンはいるはずです。しかし、都道府県内の各地でばらばらに点在しています。その人たちが広域に社会的課題を捉え、SDGsビジネスに取り組みやすい環境づくり、やりたいと思う機運づくりをしていくことが行政の役割ではないでしょうか」と語ります。

　國友さんは、こうした拠点を市町村が設置する場合と比較して、都道府県が設置する場合の利点を感じているといいます。
「市町村の枠にとらわれない広域自治体だからこそできるマッチングができることは強みだと感じました。例えば、廃棄していた蚕（かいこ）のアップサイクルに、遠く離れた都市にある福祉事業所の事業を絡めることもできます。市町村の方が地域の主体との関係性は深いと思いますが、ネットワークの広さを活かせるのは広域自治体の特徴であり、強みだと感じます。」

　さらに今井さんも「もともと企業活動におけるサプライチェーン自体が、1つの市町村にとどまらず広域に及ぶ性質を持っています。広域自治体にはマッチングの難しさはあるものの、取り組む価値はあると思います」と続けます。

■裁量のある予算

　また、具体的な官民連携に取り組む段階では、資金面で葛藤を抱えながら、それを乗り越える工夫を講じてきました。

　今井さんは、「官民連携の手法は、委託か補助が主流です。しかし、しがハブは補助金ではなく、負担金で運営したため、ある程度裁量がありました。補助金の交付の際には必要となる補助金交付要綱を作成する必要もありません。庁外の主体と連携して事業を行う際に、委託契約にするのか、そのほかの手段を取るのか、そのメリットとデメリットを理解し、判断できる職員が必要です」と語ってくれました。委託や補助をはじめ、様々な官民連携の形がある中で、事業の目的を達成するために、どのスキームが適切か、地方自治法や財務会計の知識と行政実務の経験をもとに判断できる職員の存在は非常に大きいといえます。

■ SDGsビジネスの発展という次のステージ

　こうした成果を残した「しがハブ」は、2021年1月に、内閣府が設置する「地方創生SDGs官民連携プラットフォーム」から優良事例として表彰されています。これは、SDGsを通じた地域課題の解決に向けた官民連携の先駆的な事例の募集を内閣府が行い、全国96事例から選定された5事例[注12] を表彰したものです。

　2021年3月をもって、時限的な組織である「しがハブ」は、その役目を終えて閉所しました。しかし、この物語にはまだ続きがあります。3年間にわたるしがハブの活動に対する第三者からの評価には、「普及啓蒙活動に加えて、取り組みを加速させていくための情報共有」などが提言として寄せられています。そこで、「しがハブ」を開設し、社会的課題をビジネスで解決し続ける県にすることを目指して取り組んだ2018年から2021年までを第1ステージ、2021年度からの2025年度までを第2ステージ、そして、その先を第3ステージと捉え、裾野を広げていく役目を今後も行

政が担うといいます。

　具体的には、滋賀県のSDGsの推進を担当する県企画調整課が実施する「滋賀×SDGs交流会」の中に、県商工政策課が「(仮称)滋賀SDGsビジネス推進協議会」を設置して、社会的課題の解決に向けたアイデアの創出に取り組んでいきます。その過程で、県はSDGsに関するセミナーの開催や、SDGs宣言を行った企業の交流を促進するなどの役割を担います。この(仮称)滋賀SDGsビジネス推進協議会で生み出されたアイデアと、県内外の金融機関との橋渡しを県が行うことで、新たなSDGsビジネスの創出を行っていこうとしています。また、滋賀県は、クラウドファンディングを実施する株式会社CAMPFIRE等と連携し、社会的課題解決型ビジネスの推進にも取り組んでいるため、SDGsビジネスに対するクラウドファンディング等による支援も念頭に置いています。

　このように、プラットフォームを活用して多様なステークホルダーが連携することで、SDGs達成に向けた県内の社会的課題をビジネスの力で解決する滋賀県の今後の展開からは目が離せません。

■注釈

注1　国連広報センターウェブサイト〈https://www.unic.or.jp/activities/economic_social_development/sustainable_development/2030agenda/sdgs_logo/sdgs_icon_black_and_white/〉(最終アクセス:2021年4月10日)

注2　中小企業庁(2019)「2019年度版 中小企業白書」p.335

注3　総務省・経済産業省「平成28年経済センサス―活動調査」

注4　11都県は、茨城県、栃木県、群馬県、埼玉県、千葉県、東京都、神奈川県、新潟県、山梨県、長野県、静岡県を指す

注5　関東経済産業局・一般財団法人日本立地センター『中小企業のSDGs認知度・実態等調査結果概要(WEBアンケート調査)』〈https://www.kanto.meti.go.jp/seisaku/sdgs/data/20181213sdgs_chosa_houkoku_gaiyo.pdf〉(最終アクセス:2021年5月16日)

注6　SDGs-SWYウェブサイト「"SDGsを滋賀県でやろう!―滋賀県の挑戦―"三日月大造さん(滋賀県知事)前編」〈https://sdgswy.wixsite.com/home/single-post/

taizomikazuki〉（最終アクセス：2021 年 4 月 10 日）

注 7　滋賀 SDGs× イノベーションハブ（2021）「滋賀 SDGs× イノベーションハブ活動
報告書」p.6

注 8　そのほか、農福連携によって就労継続支援作業所で国産バタフライピーを栽培・加工
する「バタフライピー栽培による福祉施設の就労支援」、有名フランス料理店などで定期
的に発生する廃食器を破砕し、再生、活用する「廃食器再生活用プロジェクト」などが
挙げられる（出典：滋賀 SDGs × イノベーションハブ（2021）「滋賀 SDGs × イノベ
ーションハブ活動報告書」）

注 9　国連グローバル・コンパクト等が発行している『SDG Compass』によると、アウ
トサイドイン・アプローチとは、「世界的な視点から、何が必要かについて外部から検討
し、それに基づいて目標を設定することにより、企業は現状の達成度と求められる達成
度のギャップを埋めていく」と紹介している。具体的な活用方法等は、『SDGs × 自治体
実践ガイドブック 現場で活かせる知識と手法』STEP 3（p.97）を参照のこと

注10　しがハブウェブサイト「SDGs 宣言って？」〈https://shiga-sdgs-biz.jp/declaration/〉
（最終アクセス：2021 年 10 月 18 日）

注 11　わたむきの里の取り組み事例については、しがハブ活動報告書（pp.16-17）の内容
を参考に作成

注 12　そのほかに、位置情報 ×CRM の独自技術で罹災証明書のスピード交付を実現した
「UPWARD 株式会社」、こども食堂支援の寄付つき非常食を県が PR することで地域の
防災力を高めつつこども達の健全な成長を後押しする「一般社団法人こども食堂支援機
構」、長野県 SDGs 推進企業登録制度を構築した「長野県」、北陸地域地方公共団体完全
LED 化包括事業を行う「北陸グリーンボンド株式会社」が表彰された（出典：地方創生
SDGs 官民連携プラットフォームウェブサイト「【2020 年度　地方創生 SDGs 官民連
携優良事例の選定について】」〈https://future-city.go.jp/platform/case/〉（最終
アクセス：2021 年 5 月 17 日））

■参考文献

1. GRI・国連グローバル・コンパクト・持続可能な開発のための世界経済人会議（WBCSD）
（2016）『SDG Compass』〈https://sdgcompass.org/wp-content/uploads/
2016/04/SDG_Compass_Japanese.pdf〉（最終アクセス：2021 年 5 月 16 日）

2. 滋賀 SDGs × イノベーションハブ（2021）「滋賀 SDGs × イノベーションハブ活動報
告書」

事例 7 多様な連携協定を組み合わせた脱プラスチックの促進

京都府亀岡市×霧の芸術祭実行委員会/一般社団法人 Social Innovation Japan

亀岡市

1 内陸部も無関係ではない海洋プラスチックの削減

■世界的課題となっている海洋プラスチックごみの削減

　2020年7月1日から、全国でプラスチック製買い物袋の有料化が実施され、事業者はレジ袋を買い物客に無償提供できなくなりました。プラスチックごみをめぐる問題は、SDGsではゴール14「海の豊かさを守ろう」に深く関連します（図1）。

　ゴール14に付随するターゲット14.1では「2025年までに、海洋ごみや富栄養化を含む、特に陸上活動による汚染など、あらゆる種類の海洋汚染を防止し、大幅に削減する」と設定されています。その進捗は指標14.1.1の「沿岸富栄養化指数（ICEP）及び浮遊プラスチックごみの密度」で測ります。つまり、海洋中のプラスチックごみの削減が、ゴール14の達

114 |

図1　SDGs のゴール 14「海の豊かさを守ろう」
（出典：国連広報センター[注1]）

成において重要な要素の１つになっているのです。

　実際に、ダボス会議を主催することでも知られる「世界経済フォーラム」は「大規模な対策を講じなければ、2050 年には海中に存在するプラスチックが魚よりも多くなる可能性がある（重量ベース）」と指摘[注2] するなど、海洋プラスチックごみの影響は世界的に大きな課題とされています。

■国よりも厳しい自治体初のプラスチック製レジ袋禁止条例

　こうした国際的な動きも踏まえて、亀岡市は 2021 年１月１日から、全国で初めて「プラスチック製レジ袋の提供禁止に関する条例」（以下、レジ袋禁止条例）を施行しており、市内事業者は有料でも買い物客にプラスチック製レジ袋を提供できません。

　沿岸部の自治体であれば、「海の豊かさを守ろう」を掲げるゴール 14 は当然に意識されるでしょう。しかし亀岡市は内陸部に位置し、海からは約 80km も離れています。どうして国よりも厳しい条件を設定し、海洋プラスチックごみの削減等に意欲的に取り組んでいるのでしょうか。

■観光資源を通じて認識した川の漂着ごみへの責任

　その背景には、「保津川下り」で知られる保津川が深く関係しています。

　保津川は、亀岡市内を貫流したのち、京都市内で鴨川等と合流し、淀川に注ぎ込んで大阪湾に達します（図２）。保津川では 2004 年から、川に漂着したごみを回収するため、「保津川下り」の船頭さんをはじめとする地域住民によって清掃活動が開始されました。2007 年には活動が「NPO 法

人プロジェクト保津川」（以下、プロジェクト保津川）として組織され、「保津川クリーン作戦」と題して毎月実施されています。

　たとえ海に面していなくても、自分たちのまちで捨てられたごみが、川を通じて海に流れ着く可能性がある。その問題を認識した亀岡市は、2018年12月に「かめおかプラスチックごみゼロ宣言」（以下、プラごみゼロ宣言）を発表しました。同宣言は市議会と共同でなされて、市が本格的にプラスチックごみの削減に向けた取り組みを進める契機になりました。

　プロジェクト保津川の代表理事を務める大阪商業大学准教授の原田禎夫さんは、プラごみゼロ宣言が発表された当時、回収されるごみの中で特にレジ袋とペットボトルが多かった現実があると言います。

　「亀岡市が宣言する以前にも、『プラスチックごみゼロ宣言』を発表した自治体もありました。しかし、亀岡市は啓発を主な目的とした宣言ではなく、具体的な行動や数値目標を示した実践的なものです」と原田さんは続けます。

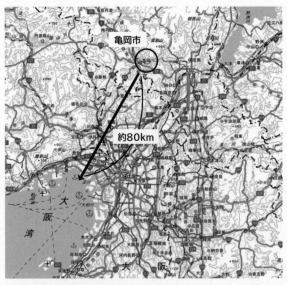

図2　亀岡市内の保津川でごみが捨てられると、わずか1日で約80km離れた大阪湾に到達する可能性がある注3（出典：国土地理院地図（電子国土Web）を筆者が加工して作成）

2 脱プラスチックに向けたクリエイティブな公民連携

■芸術の力を借りて次世代に伝える資源の「アップサイクル」

しかし、住民にプラスチック削減に向けた行動を実行してもらうには、その必要性を分かりやすく伝える必要がありました。そこで亀岡市が選んだのは、住民に身近な芸術（アート）の力を借りて環境政策を推進することでした。

亀岡市は 2018 年から、地域に暮らす芸術家たちとともに、市内で発生する「丹波霧」と呼ばれる濃い霧を亀岡という地域の象徴と捉えた「かめおか霧の芸術祭」（以下、霧の芸術祭）を通年で開催しています。

2019 年 7 月に霧の芸術祭の一環として行われた「KAMEOKA FLY-BAG PROJECT」（以下、FLYBAG PROJECT）では、市内にあるパラグライダースクールで使用された廃棄予定のパラグライダーの生地を縫い合わせて作成した「巨大なエコバッグ」（図 3）が、亀岡駅前に展示されました。

図 3　クレーンで吊るして展示された縦 7m ×横 8m の巨大なエコバッグ （提供：亀岡市）

地域の芸術家と連携して環境問題を訴える「FLYBAG PROJECT」の実施にあたり、市はクラウドファンディングを実施し、全国から目標額の2倍を超える2,000万円以上の支援を得ました。この巨大なエコバッグは、住民に「プラスチック問題の解決に向けて亀岡市が取り組んでいる」ことを伝えるメッセージになったのです。

　同年10月には、この「FLY BAG」の生地が市内の生涯学習施設に運ばれ、「大きなパッチワークから自分だけのバッグをつくろう」と題したワークショップも開催されました。子どもから大人までおよそ200名の参加者が、巨大なパラグライダー生地から各々の好きな部分を切り取り、マイバッグを制作する企画です。子どもたちにとっては、廃棄されるはずのものを活用したアップサイクル注4の実現を体験する環境教育の機会にもなりました。

　さらに、パラグライダー生地を活かしたエコバッグのアイデアは、東京都に本拠を置くファッションレーベル「THEATRE PRODUCTS」と協

図4　アーティストと連携した施策を展開する市文化国際課の課長である小塩睦子さん（前列・中央）、岡田春樹さん（前列・左）と、HOZUBAG を手にする同課の皆さん（提供：亀岡市）

力して商品化されました。保津川にちなんで「HOZUBAG<ruby>ホズ<rt>ホズ</rt></ruby>」と名付けられたバッグ（図4）は、そのカラフルなデザインだけでなく、軽さや手入れのしやすさからも好評を博しています。

　なお、パラグライダー生地からHOZUBAGで使えるような生地に裁断する工程は、亀岡市内の古民家を活用した拠点で行われ、まちに新たな雇用も生み出しています。

■協力事業者の負担を減らす紙袋の共同購入支援

　アーティストとの連携は、別の事業でも実現しました。

　前述の施策でプラスチック製レジ袋の提供ができなくなった市内の事業者は、代替として紙袋などの準備を迫られます。しかし、発注ロット数が限られる小規模事業者にとって、その調達は大きな負担となることが予想されていました。

　そこで亀岡市は、レジ袋の代替となる紙袋の「共同購入^{注5}」の仕組みを整えました。これにより、事業者は100枚単位で安価に購入することが可能となったのです。紙袋のサイズはS、M、弁当用、L、2Lといった5種類が用意され、アーティストの協力を得て、「WE TAKE ACTION（私たちは行動を起こします）」といったメッセージがあしらわれています（図5）。

図5　紙袋には、大きさごとに異なるメッセージがデザインされている

こうしたアーティストとの連携について、市文化国際課の岡田春樹さんは「市の政策形成過程にアーティストが加わると、常識にとらわれない発想で、ものごとを進めることができます。また、市民に関心を持ってもらったり、好感を持ってもらえたりするような情報発信を可能にしてくれます」と、SDGs の普及において果たしている意義を語ります。

　また、国内外の環境政策に精通する原田さんは「環境政策を環境分野に閉じた形で行っていたら、住民にうまく伝わらず、数々の施策の効果も限られてしまったでしょう。亀岡市は、環境政策を身近なアートと組み合わせることで、分かりやすく表現して住民に伝えることができたのです」と話します。

■ペットボトル使用削減に向けたマイボトルの利用環境向上

　このほか、市は企業・団体と様々な形で包括連携協定を締結し、プラスチックごみゼロに向けた立体的な施策を展開しています。

　亀岡市はレジ袋だけでなく、ペットボトル使用量の削減にも取り組むべく、2020 年 6 月に家庭用浄水器メーカーの BRITA Japan 株式会社（以下、BRITA）と包括連携協定を締結しました。BRITA と協力して、市内の学生に向けた環境学習の実施や、市内で開催されるイベントでの BRITA 製ボトル型浄水器の無償提供などの活動を展開しています。

　こうした市の取り組みに応える形で、亀岡市内にある南丹高校の学生がマイボトルと給水スポットの普及に向けてポスターを制作。2021 年 3 月には完成したポスターを市内飲食店等に配布するなど、ここでもアートの力が発揮されています。これらの取り組みと合わせ、体育館や図書館といった市内の公共施設には、冷水・温水の両方を提供する給水機が設置を設置し、市内飲食店等との連携も開始しています。

　また市は、翌 2021 年 4 月に、無料の給水スマートフォンアプリ「mymizu」を展開する一般社団法人 Social Innovation Japan（以下、

図6 mymizu アプリは、Google Map 等と連動して経路を探索したり、給水した記録を残したりすることもできる（提供：一般社団法人 Social Innovation Japan）

SIJ）と「かめおか未来づくり環境パートナーシップ協定」を締結し、自宅や職場以外でもマイボトルを利用しやすい環境づくりに着手しました。

　mymizu アプリでは、現在地周辺にある公共施設や飲食店等の無料で給水できる場所が写真付きで表示されます。自分だけでなく、mymizu アプリの利用者全員で何本のペットボトルが削減されたか表示される点も、全体のモチベーションアップにつながります（図6）。

　さらに、亀岡市は給水スポットを増やすべく、水道管直結のウォーターサーバーのレンタル事業を展開するウォータースタンド株式会社と 2021年6月にパートナーシップ協定を締結。市内の小中学校・義務教育学校すべてにマイボトル用ウォーターサーバーを設置しました。

　このように、「ペットボトルの使用量を削減する」という目標の達成に向けて、官民連携で、実際に市民が行動を起こしやすくする環境を整えているのです。

■若手起業家との連携でねらう住民の行動変容

　「mymizu」を展開する SIJ の代表理事であるルイス・ロビン・敬さん

は、2020年1月に桂川孝裕・亀岡市長のもとを訪問した際に、亀岡市と連携したいと強く感じたといいます（図7）。

「桂川市長のお話から、亀岡の環境を守るために、プラスチック削減を必ず実現するという思いを感じました。こうしたミッションや亀岡市が取り組んで来た活動は、私たちの活動と重なる部分も多く、亀岡市とともに、mymizuのムーブメントを広げていけることに喜びを感じています。」

2021年10月には、亀岡市とSIJ、BRITAの3者で、「BRITA Japan株式会社×mymizuチャレンジin亀岡」（以下、mymizuチャレンジ）と銘打った企画を実施しています。mymizuチャレンジは、市民がマイボトルに給水した量をアプリに記録し、ペットボトルの削減量を競うものです。参加者にはBRITAのボトル型浄水器が進呈されるほか、1人当たりのペットボトル削減量が最も多かった個人またはチームには景品が用意されています。

このように、市と協定を結ぶ複数の企業・団体が連携した取り組みが始

図7　ルイス・ロビン・敬さんは「自分たちの強みである創造性を活かしながら、社会課題の解決に向けて多様な主体で共創するモデルを増やしていきたい」と話す（提供：一般社団法人 Social Innovation Japan）

まるなど、亀岡市のプラスチックごみゼロに向けた動きが有機的に進んでいることがわかります。

❸ 取り組みを連鎖させるパートナーシップの仕組み

■双方の役割を明確化する連携協定の様式

　こうした取り組みの多くは、市と連携先の企業・団体との連携協定によって実施されています。市は特に、SDGsに深く関連する「環境・経済・社会の三側面の統合的取組みの推進」というビジョンのもとで、地域資源を活用した新たな価値の創出による持続可能なまちづくりに向けて取り組むという主旨に賛同した企業・団体とは「かめおか未来づくり環境パートナーシップ協定」（以下、パートナーシップ協定）を締結しています。2021年8月現在で、すでにパートナーシップ協定が5件締結されています（図8）。

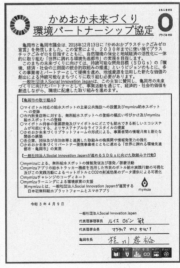

図8　亀岡市と一般社団法人Social Innovation Japan（写真左）、及びタイガー魔法瓶株式会社とのパートナーシップ協定書（同右）（出典：亀岡市ウェブサイト）

例えば、写真左の協定書では、中段に「亀岡市の取り組み」と「一般社団法人 Social Innovation Japan が進める SDGs に向けた取り組みや行動」という項目が設けられており、それぞれの役割が明確に記載されています。包括連携協定では、行政・企業等が互いにどこまでの取り組みを相手方に期待してよいか悩む場面もありますが、ここまで細かく双方の役割が明らかになっていれば、相手方にどのようなことを期待してよいか、互いに整理して取り組みを進めることができるはずです。

　実際、こうした多様な主体との連携していく際には、SDGs が効果的に作用しているようです。

　「SDGs をキーワードにすることで、企業、行政、学校といった多様な主体が方向性を共有しやすく、連携して取り組みやすくなったと感じています」と、亀岡市環境政策課課長の大倉武文さんは語ります。

図9　プラスチックごみゼロ施策を進める環境先進都市推進部部長の山内剛さん（中央）、環境政策課課長の大倉武文（写真左から2人目）と、職員のみなさん

■単発的な協定にとどまらない行動の連鎖

　また、亀岡市の取り組みが立体的に進んでいる理由の１つとして、パートナーシップ協定を結んだことを次の行動のきっかけにしている点が挙げられます。

　「せっかく協定を結んだのだから、単発で終わらせることなく、できる限り次の行動にも活かして行こうと意識しています。多様な主体とのパートナーシップ協定を活かし、どんどん関係者を増やしていくことで、持続可能なまちづくりという共通目標の達成に向けた動きを加速させることができていると感じます」と、亀岡市環境先進都市推進部部長の山内剛さんは続けます（図９）。

---

4 SDGs を体感的に普及させる拠点づくり

■市役所の地下に現れたハブ拠点「開かれたアトリエ」

　最後に、亀岡市の SDGs アクションを加速させるためのイノベーション・ハブ「開かれたアトリエ」をご紹介します（図10）。

　2021 年４月に市役所の地下食堂を改装してオープンした「開かれたアトリエ」には、レストラン、コワーキングスペース、イベント開催スペース、作品展示スペース、農産物の直売ができるスペースなど多目的な機能が備わっており、市民や市職員に利用されています。

　この「開かれたアトリエ」自体は、プラスチックごみゼロに向けた直接的な取り組みではありませんが、多様な人のコミュニケーションを創発して、SDGs 達成に向けたイノベーションを生み出すため拠点と位置づけられています。

　「開かれたアトリエ」の設計からは、SDGs を感じさせる要素をたくさん見つけることができます。

図10　SDGsアクションを生み出す「開かれたアトリエ」(提供：岡田春樹さん)

　例えば、廃材を利活用して作られた什器が使用されており、SDGsのゴール12「つくる責任 つかう責任」に配慮されています。併設されるカフェレストランでは、地産地消を意識した地元の食材が多く提供されています。海外から輸入した食材に比べて輸送で消費されるエネルギーは少なく、地球温暖化の原因である温室効果ガスの排出量も少なくて済みます。また、提供されるコーヒーは、フェアトレードのコーヒー豆を使用するなど、SDGsを意識した工夫が施されています。

■庁内外の連携を促す「場」の効果

　このように「開かれたアトリエ」は、SDGsが市民1人ひとりの生活に密接に関係したものであることを体感させてくれる場所になっています。

　小塩さんは「開かれたアトリエが整備されたことで、庁外の人との連携の機会となるだけでなく、SDGsに通ずる様々な循環をテーマとしたマルシェを開催するために、文化国際課とSDGs・環境・農林・商工観光を担当する課が連携するなど、庁内の各課が縦割りを超えて地域課題の解決に

図11 桂川孝治市長は、亀岡市の強みを活かしながら持続可能なまちづくりを進める
（提供：亀岡市）

取り組む動きが生まれています」と、その意義を話します。

　SDGs を前面に押し出しすぎずに、SDGs の要素を多くの人に伝えていくアプローチは、SDGs の普及に悩む自治体にヒントを提供してくれるのではないでしょうか。

　「世界に誇れる環境先進都市を目指す亀岡市にとって、市民や市内事業者をはじめ、外部有識者等との協力は不可欠であり『SDGs』の理念を実践することを通じて強固なパートナーシップを図り、市政を着実に進めていきたい」と、桂川孝裕市長は力強く断言します（図11）。

　このように、亀岡市は、プラごみゼロ宣言をきっかけに住民の意識を少しずつ変容させながら、「世界に誇れる環境先進都市」を目指して取り組んでいくことで、次世代に亀岡市の美しく豊かな環境を引き継いでいこうとしています。

■注釈

注1　国連広報センター「SDGs ロゴ白黒（縦・横）」〈https://www.unic.or.jp/activities/economic_social_development/sustainable_development/2030agenda/sdgs_logo/〉（最終アクセス：2021 年 5 月 25 日）

注2　World Economic Forum（2016）「The New Plastics Economy Rethinking the future of plastics」p.14

注3　亀岡市「環境先進都市啓発冊子（プラごみゼロ宣言やプラ製レジ袋提供禁止条例について）」〈http://www.city.kameoka.kyoto.jp/kankyousoumu/documents/keihatusassi2020090.pdf〉（最終アクセス：2021 年 10 月 1 日）

注4　アップサイクルとは「廃棄されるはずだった衣類にデザインやアイデアを加え、別の付加価値を持った製品に生まれ変わらせる」概念を指す（環境省ウェブマガジン ecojin「【特集】未来をつくるファッション」〈https://www.env.go.jp/guide/info/ecojin/feature1/20210707.html〉（最終アクセス：2021 年 10 月 1 日））

注5　紙袋の共同購入事業は、2021 年度の 1 年間限定で実施されている

■参考文献

1. 亀岡市ウェブサイト「世界に誇れる環境先進都市の実現に向けて〜『亀岡市プラスチック製レジ袋の提供禁止に関する条例』成立〜」〈http://www.city.kameoka.kyoto.jp/kankyousoumu/jyourei1.html〉（最終アクセス：2021 年 5 月 17 日）

事例 8 オンライン化で実現する 足を運ばなくていい役所

大阪府富田林市 × 株式会社グラファー

富田林市

1 行政のデジタル・トランスフォーメーション（DX） と SDGs

■デジタル技術で可能になる前提を覆す発想

　SDGs にある 17 のゴールをよく見ると、「パートナーシップで目標を達成しよう（ゴール 17）」のように、ほかのゴールの達成をサポートする性質を持つゴールもあります。ゴール 9「産業と技術革新の基盤をつくろう」で示されているように、インフラ整備を進めたり、ICT（情報通信技術）やイノベーションの力を充実させたりすることで、そのほかのゴールの達成を後押しすることにもつながります（図 1）。

自治体の現場でも、業務の効率化や行政サービスの利便性向上に向けた手がかりとして、デジタル技術を活用する「デジタル・トランスフォーメーション（DX）」が注目を集めています。「市民の日常生活に欠かせないスマートフォンなどの通信機器を活用して、行政サービスの利便性を向上できないだろうか」といった視点や、「住民が役所を訪れなくても、訪れた際と同様かそれ以上のサービスを受けるようにできないだろうか」といった発想を具体化していく上で、DX は大きな推進力となります。

　これまで自治体は「役所を訪れた住民に対して、いかに満足してもらえる行政サービスを提供するか」という前提で、市民の利便性向上に向けて様々な工夫を考えてきました。例えば、住民票や戸籍謄本の写し、納税証明書といった公的な証明書の取得は、住民が役所を訪問する大きな目的の1つです。これまでのアプローチでは、待ち時間の短いスムーズな発行を心がけたり、職員に接遇研修を実施して来庁者への対応を改善したり、平日の開庁時間に役所を訪れられない人のために土日開庁を実施したりといったものでした。

　しかし、その前提を覆す発想が、社会を持続可能な姿に「まるっと変える」鍵になります。すでにマイナンバーカードを用いてコンビニエンスストア等で住民票の写し等を取得できる「コンビニ交付」を実施する自治体は、2020 年 4 月 1 日時点で 748 市区町村と、全体の 43％に上っています[注2]。また、新型コロナウイルス感染症の拡大に伴い「非接触」が推奨されるようになったことで、感染症への危機管理という新たな視点から、遠隔での行政サービスの提供をさらに加速させる可能性もあります。

図1　SDGs のゴール 9「産業と技術革新の基盤をつくろう」
（出典：国連広報センター[注1]）

ここで紹介する富田林市は、民間事業者との連携によって、デジタル技術を活用した住民の健康増進事業や、スマートフォンを通じて住民票や納税証明書のオンライン申請を行うサービスを実施しています。今後、多くの自治体に広がる可能性を秘めたデジタル技術の活用について、公民連携とSDGsの観点からご紹介します。

❷ "商助" の精神で取り組む産官学医の地域連携

■中世の歴史を活かすSDGsまちづくり

　富田林市は、大阪府の南東部、大阪市内から電車で30分ほどの位置にあり、約10万3千人（2021年4月現在）の住民が暮らしています。中世から続く富田林寺内町には、古くからの町並みが残り、国の「重要伝統的建造物群保存地区」に指定されているほか、寺内町の「城之門筋」は、旧建設省によって「日本の道100選」にも選ばれています（図2）。

　富田林市では、2019年7月に「富田林版SDGs取組方針」を策定するなど、積極的にSDGsを推進しています。同方針では、SDGsを共通言語

図2　寺内町の町並み（左）と市のSDGs推進ロゴマークのモチーフとなった旧杉山家住宅の螺旋階段（右）

図3　富田林市のSDGs推進ロゴマーク （出典：富田林市ウェブサイト）

として、多様なステークホルダーとの連携・協働によるまちづくりを進めることが掲げられており、公民連携が富田林市のSDGs推進でも重要な役割を果たすことが分かります。実際に、同方針で示された三つの「基本的方向」の中で、「SDGsを介した様々な連携の創出」として、SDGsを共通言語とした公民連携の推進、及びステークホルダー間の連携促進を進めることが打ち出されています。

　なお市のSDGs推進ロゴマークは、寺内町にある重要文化財「旧杉山家住宅」の螺旋階段に着想を得て作成されるなど、歴史が取り組みに反映されています（図3）。

■市民・企業・行政の連携によるSociety5.0型の健康増進

　こうした積極的な取り組みが評価され、富田林市は、2020年度のSDGs未来都市、及び自治体SDGsモデル事業に採択されました。富田林市の自治体SDGsモデル事業では「『商助』による持続可能なエコシステム構築事業」と題した産官学医の公民連携による健康の実現を切り口とした取り組みが進められています。

　自治体SDGsモデル事業の採択に先立つ2019年11月に、富田林市は地域資源を活用した地域包括ケアシステムを構築するため「富田林市産官

商 市内の企業・店舗等	健康拠点として場所や人員を提供 → 市民の「ついで買い」が売上に貢献
行政	市内店舗等に活動量計リーダーを設置 → 介護医療費等の行政コスト削減 → データの集積による政策策定へ
市民	介護予防・健康ポイント事業への参加 → 健康増進、健康ポイントによる還元

図4　商助による健康ポイント事業の概要と各主体の利点（出典：富田林市資料を参考に筆者作成）

学医包括連携協定（TOMAS）」を締結しています。TOMASは、医療機器・材料メーカーのアルケア株式会社（産）、富田林市（官）、大阪大谷大学（学）、一般社団法人富田林医師会（医）の４者の間で結ばれ、2020年12月から「市民向け介護予防・健康ポイント事業」を実施しています（図4）。

　同事業では、40歳以上の市民を対象として、参加者に個人の運動量を計測する「活動量計」を貸与し、「健康拠点」と呼ばれる市内20箇所の地域店舗・公共施設に設置された活動量計リーダーにタッチすると、市民は毎日の歩数に応じたポイントと、体組成測定やイベント参加によるポイントを得ることができます。このポイントが景品と交換できることで、市民の参加意欲を維持する仕組みです。店舗としても、訪れた市民が買い物をすることで売上を向上できますし、行政は健康拠点のモニタリングで得たデータをもとに、当該事業の効果検証や、新たな政策の立案を行うことができます。

　富田林市市長公室政策推進課の大堀雄一郎さんは「商助」という考え方

について次のように語ります。

「自助・互助・公助に続き、ヘルスケア産業の創出にもつながる新しい支え
あいの枠組みが商助です。商いが地域を助け、地域が商いを助けるという
相互に好影響をもたらす考え方で、富田林市では、商助を活用した市民の
健康増進を目指しています。例えば、活動量計リーダーにアクセスするた
めに地域店舗に訪れた市民が、ついでに店舗で買い物をする『ついで買い』
が発生することで、店舗にとっては売上につながるという利点があります。
市民の健康が増進するという利点は、同時に介護医療費の削減といった行
政コストの抑制につながり、行政の利点にもなります。」

　また、これらの取り組みを推進するために、市は部署を超えた分野横断
型の「SDGs 未来都市推進プロジェクトチーム[注3]」を設置し、部署間の連
携も進めながら、経済・社会・環境の3側面に配慮した統合的な課題解決
を目指しています。

　「富田林市では、SDGs 未来都市と自治体 SDGs モデル事業に採択され
たことを受け、SDGs のゴール3『すべての人に健康と福祉を』とゴール
17「パートナーシップで目標を達成しよう」の達成をプロジェクトの中心
に据えています。その中で、Society5.0[注4] を目指したデジタル技術の活
用は大きな推進力になっています」と、大堀さんは続けます。

3 オンライン化で実現する「足を運ばなくていい役所」

■電子申請による証明書発行サービス

　このように、Society5.0 を目指した公民連携の地域課題解決を軸とし
て、SDGs を推進する富田林市で、2021 年4月から開始された新たな取り
組みが、電子申請による証明書の発行サービスです。利用者は、スマート
フォンを用いてマイナンバーカードによる本人確認とクレジットカードに

よる決済を行うことで、市役所から自宅へ証明書が郵送される仕組みです。

　市は、従来からコンビニ交付で申請を受け付けている「住民票の写し」
「印鑑登録証明書」「市・府県民税証明書」の３種類の証明書以外に、これ
まで窓口や郵送で申請を受け付けていた「戸籍謄抄本」や「固定資産評価
証明書」なども加え、計13種類の証明書をオンライン申請で取得できる
ようにしています（図5）。

　申請にあたって、利用者は、あらかじめ（1）専用アプリをダウンロー
ドしたスマートフォン、（2）マイナンバーカード、（3）マイナンバーカー
ド発行で設定した署名用電子証明書の暗証番号、(4)クレジットカード(手
数料がかかる場合のみ)の４点を用意します。

　はじめに、必要な通数などの情報を入力します。次に、専用アプリを起
動して署名用電子証明書の暗証番号を入力します。続けて、マイナンバー
カードをスマートフォンにかざして本人確認を行い、最後にクレジットカ
ード情報を入力して決済を行います。氏名や住所などの情報は、マイナン

オンライン申請可能な証明書	富田林市に本籍地がある人が対象	コンビニ交付対応	担当課
住民票の写し		○	市民窓口課
転出届			
戸籍謄本（全部事項証明）	○		
戸籍抄本（個人事項証明）	○		
除籍（現戸籍）謄抄本	○		
戸籍の附票	○		
独身証明書	○		
身分証明書	○		
市・府民税証明書（最新年度分）		○	課税課
固定資産評価証明書			
固定資産公課証明書			
固定資産名寄帳兼課税（補充）台帳			
納税証明書（市・府民税、固定資産税・都市計画税、未納がない証明に限る）			収納管理課

図5　富田林市においてオンラインで請求できる証明書の一覧 （出典：「広報とんだばやし（令和３年４月号）」、関係者へのヒアリングを参考に筆者作成）

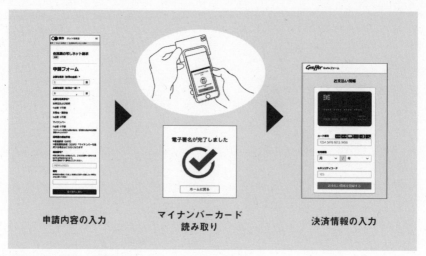

図6　オンライン申請のプロセス（出典：株式会社グラファー・ウェブサイト[185]）

バーカードから読み取るため、入力は必要ありません。あとは申請した証明証等が郵送されるのを待つだけという非常にシンプルな流れです。国税庁の国税電子申告・納税システム（e-Tax）のように、マイナンバーカードを読み込むためのICカードリーダライタを用意する必要もなく、アプリをダウンロードするだけでスマートフォンを用いた本人確認ができることも簡便で使いやすい印象です（図6）。

■市民・行政の負担を軽減するオンライン申請のメリット

　こうした各種証明書のオンライン申請は、全国でもまだ一部の自治体でしか導入されていない取り組みですが、富田林市はどのような経緯で導入に踏み切ったのでしょうか。

　富田林市市長公室政策推進課の奥野正樹さんは、「オンライン申請自体は、政府によるデジタル庁の整備などの動きもあり、いずれは取り組まなければならないものと認識していました。そのような中、新型コロナウイルスの感染防止のために『非接触』が推奨されたことが、オンライン申請

図7 奥野正樹さんは「コロナ禍がオンライン申請導入のきっかけになりました」と語る

の導入を進めるきっかけになりました」と言います（図7）。

　このオンライン申請のサービスを開始してから、富田林市では特に市外在住者の利用件数と、開庁時間外の利用件数が顕著に多いという傾向が見られるそうです。

　例えば、進学や就職などで市外に転出していて、本籍を富田林市内に置いている人にとっては、パスポートの申請などで定期的に戸籍謄本を利用することがあります。通常の郵送請求で必要だった申請書の作成や、返信用封筒・切手、定額小為替証書、本人確認書類の用意が不要になることで、利便性が高まるでしょう。もちろん、予定を調整して開庁時間内に市役所を訪れる必要も、窓口で待つ時間も不要になるのですから、市民サービスの向上と言えます。

　住民にとってオンライン申請の導入は、これまでの申請方法と比較して利便性が高まりますが、行政職員の目線からはどのような変化が見られるのでしょうか。

　考えられるメリットは、現場の職員の負担軽減です。例えば、富田林市

の住民票や戸籍謄本の郵送請求では、請求者は必要事項を任意の書式に記載し、本人確認書類や定額小為替等と同封して郵送します。申請書に不備があったり、本人確認書類が鮮明に印刷されていなかったりする場合、市職員は申請者と修正のやり取りを行わなければなりません。また、定額小為替を換金する業務も発生します。オンライン申請では、入力内容をシステムが自動でチェックしてくれますし、クレジットカードによる入金で定額小為替の換金を行う必要もありません。こうした職員の作業負担の削減は、件数が増えれば増えるほど大きな効果が期待できます。

　一方で、こうした新たな仕組みが導入されることに対して、職員側のデメリットはないのでしょうか。

　「通常の郵送申請に加え、オンラインによる申請の有無を確認する作業が発生しますので、担当課はいずれにも気を配る必要があります。とはいえ、オンライン申請が到達したことはメールで担当者に通知されますし、住民の利便性向上なども考えれば、オンライン申請を導入するメリットが上回るのではないでしょうか」と奥野さんは話します。

■ GovTech を推進するグラファーとの連携

　富田林市と連携して、このオンライン申請を実現した立役者が、株式会社グラファー（以下、グラファー）です。2017年に創業したグラファーは、「プロダクトの力で 行動を変え 社会を変える」をミッションに掲げ、オンライン申請や電子署名の技術等を用いて、行政のデジタル化を推進しています。政府や自治体が民間事業者の情報通信技術等を活用して業務改善を図る取り組みは「GovTech（ガブテック）」と呼ばれ、デジタル庁の議論と併せて注目を集めています。

　グラファーは、すでに多くの自治体と連携して、オンライン申請や電子署名等の積極的な活用を進めています。グラファーは行政サービスのデジタル化支援にどのような思いを持っているのでしょうか。

同社の及川涼介さんは「弊社は行政手続きをデジタルの力で分かりやすく、使いやすくしていくことをミッションにしています。特に、基礎自治体は市民との接点のある手続きを多く有しており、市民や職員にデジタル化による変化を感じてもらいやすいと感じており、熱意を持って支援に取り組んでいます」と力を込めて話します（図8）。

　富田林市では、同社が提供する「Graffer スマート申請」を利用して、証明書等のオンライン申請を実現していますが、グラファーでは、特にニーズの多いメニューをパッケージ化しています。

　「オンライン申請のような新たな試みを導入する段階では、どの証明書をオンライン申請の対象にすべきか庁内に知見が蓄積されていませんし、各課に照会を行うなど時間を要します。その点、他の自治体での実績などをもとに、ある程度パッケージ化されたプランが用意されていたことで、はじめの一歩を踏み出しやすいように感じました」と、奥野さんは話してくれました。

図8　及川涼介さんは「行政へのサービス提供にあたって、関連法令を確認して進められる体制を社内で整えている」と話す（提供：株式会社グラファー）

富田林市は、各種証明書等のオンライン申請を導入するにあたって、申請や本人確認を行う部分をグラファーと、利用者によるクレジットカード決済についてはSBペイメントサービス株式会社と、それぞれ契約しています。各民間企業が有する知見と専門性の力を借りることにより、まさに公民連携で、住民生活の質の向上につなげているのです。

4 「公民連携デスク」による 多様な主体との地域課題解決

■ワンストップ窓口が生む取り組みのスピード感

　富田林市がこうした公民連携の動きを加速させることができる理由の1つに、「公民連携デスク」と呼ばれるワンストップ窓口の存在があります。市長公室都市魅力課に設置されている公民連携デスクは、企業・団体から

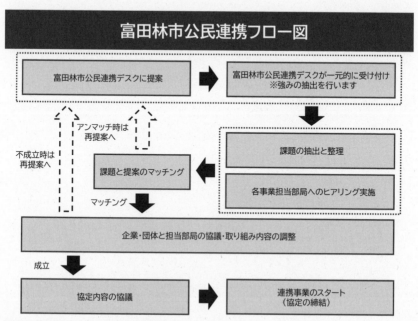

図9　富田林市における公民連携の流れ（出典：富田林市ウェブサイト注6）

市に寄せられた相談を一括して整理し、関係する部署との間の調整を行います（図9）。

　2018年度から2020年度にかけて、公民連携デスクの立ち上げと実務を担当した納翔一郎さん（現在は商工観光課）は、その存在意義を次のように語ります（図10）。

「公民連携デスクが設置される前は、民間企業などから、『どこが窓口か分からない』『内容によっては、部署をたらい回しにされる』といった声が寄せられていました。これにより、民間企業と連携する機会の喪失や、提案の実現にかなりの時間を要するなどの問題がありました。公民連携デスク設置後にはこの問題が解消され、民間企業とのコミュニケーションの活性化や、民間企業の提案・事例を庁内の部局とつなぐことで、行政や地域の課題を解決する力になっています。様々な庁外の事例に触れる機会が生まれることで、職員全体の視野も広くなったと感じています。」

図10　公民連携デスクを立ち上げた納翔一郎さんは「地方公務員ブロガー」としても全国に知られている

公民連携を通じた SDGs 推進を掲げる富田林市は、市内外の企業・団体等との連携を構築する公民連携デスクと、市内の企業・団体・教育機関・特定非営利活動法人を対象として活動事例の紹介やパートナー間の連携を促進する「富田林市 SDGs パートナーシップ制度」の 2 つの仕組みを活用することで、SDGs に必要な経済・社会・環境の 3 側面の統合的取組の底上げと加速化を図っているのです。

■情報発信でも気を配る "誰一人取り残さない" 姿勢

ほかにも納さんは市の業務を通じて、JFL（日本フットボールリーグ）に所属するプロサッカークラブである F.C. 大阪との連携により、全国でも前例の少ない市民参加型インターネットテレビ「富田林テレビ」を開設し、レギュラーナビゲーターを 4 年間務めていました。富田林テレビでも SDGs の特集が組まれるなど、公民連携の取り組みにより、動画媒体を活用した市民を巻き込む効果的な情報発信が、現在も行われています。

納さんは、富田林テレビをはじめとする様々な媒体で情報発信を行う際に、読みやすい U D フォントや視覚的に理解しやすいデザインを使用するよう気を配っていると言います。また、専門用語は極力使用せずに分かりやすい表現を用いることにも注意しているとのこと。こうした姿勢は「誰一人取り残さない」という SDGs の理念とも合致するものです。

5 自治体の対応力が問われるこれからの GovTech

オンライン申請や電子認証といった技術で行政の可能性を広げてくれる GovTech ですが、今後多くの自治体で広がっていくためには、何が必要とされているのでしょうか。

及川さんは「自治体でのクラウドサービスの利用は、まだ始まったばか

りなので、職員の理解や調達制度の改善などを行う必要があると思います。また、職員が『デジタル化しよう』と思える環境整備も必要だと感じています。例えば、行政の内部業務で使用するノートパソコンやディスプレイといった設備を整備していくことも、デジタル化の推進には重要だと感じています」と話します。

コロナ禍でオンライン会議の実施や、テレワークの導入などが自治体でも急速に進んでいますが、セキュリティ上の理由などで、思うようにオンライン会議ツールを使うことができない自治体もあります。DX に注目が集まる中、各自治体の対応力が試されていると言えるかもしれません。

富田林市は、デジタル庁の設置が予定されていることもあり、デジタル技術による行政サービスの充実に積極的な姿勢を見せています。市民がオンライン申請できる項目のさらなる充実など、ユーザビリティの観点にも配慮しながら DX による課題解決に取り組む富田林市の動きから、今後も目が離せません。

図 11　富田林市の SDGs 推進を担う奥野正樹さん（左）、大堀雄一郎さん（中央）、納翔一郎さん（右）

■注釈

注1　国連広報センターウェブサイト〈https://www.unic.or.jp/activities/economic_
social_development/sustainable_development/2030agenda/sdgs_logo/sdgs
_icon_black_and_white/〉（最終アクセス：2021 年 4 月 10 日）

注2　総務省（2021）「令和 2 年度版 情報通信白書」p.501、総務省

注3　政策推進課、都市魅力課、高齢介護課、健康づくり推進課、商工観光課、金剛地区再
生室から構成されている

注4　狩猟社会（Society 1.0）、農耕社会（Society 2.0）、工業社会（Society 3.0）、情
報社会（Society 4.0）に続く、新たな社会を指すもので、サイバー空間（仮想空間）
とフィジカル空間（現実空間）を高度に融合させたシステムにより、経済発展と社会的
課題の解決を両立する、人間中心の社会（Society）のこと（出典：内閣府ウェブサイ
ト「Society 5.0 とは」〈https://www8.cao.go.jp/cstp/society5_0/〉（最終アク
セス：2021 年 7 月 4 日））

注5　株式会社グラファー・ウェブサイト「四條畷市の住民票・転出届のオンライン化―スマ
ホ申請で実現したスマートな行政サービスの全貌―」〈https://graffer.jp/govtech/
articles/govtech-shijonawate〉（最終アクセス：2021 年 7 月 3 日）

注6　富田林市ウェブサイト「富田林市公民連携フロー図」〈https://www.city.
tondabayashi.lg.jp/uploaded/attachment/61682.pdf〉（最終アクセス：2021年
7 月 3 日）

地域ぐるみで挑む ゼロ・ウェイストのまちづくり

事例 **9**

徳島県上勝町 × 株式会社 BIG EYE COMPANY

上勝町

---

1 想像以上に難しい「住み続けられるまち」の維持

■地方部の担い手確保に向けた模索

　自分のまちに住み続けること、それは当たり前のことのように思えますが、10年先、100年先と未来を見据えると、私たちが思っているより難しいことかもしれません。

　東京圏をはじめとした大都市圏に人口が集中する一方、地方の市町村では、少子高齢化や過疎化といった問題が深刻な状況にあります。日本では、65歳以上の高齢者の割合は28.7%[注1]に達し、農業や伝統工芸など様々な分野で後継者不足が叫ばれています。大学などの高等教育機関が都市部に集中してしまえば、若者は自分が生まれ育ったまちを一時的に出て行かなければなりませんし、就職先となる企業が十分になければ、働くことがで

きないので、地元に戻ってくることもできません。

■世界的な都市人口の増大がもたらす廃棄物処理問題への取り組み

　SDGsでも、こうしたまちの様々な課題が、ゴール11「住み続けられる
まちづくりを」に含まれています（図1）。日本の状況とは正反対に、世界
人口は増加の一途をたどっており、1950年時点で25億人だった世界人
口は、2011年に70億人を超え、2050年には97億人に達すると予測さ
れています[注2]。特に世界では、都市人口の増加が課題とされています。国
連によると、世界人口の半数以上が都市部に暮らしており、交通量の増加
による大気汚染や、廃棄物の処理、スラム街の形成といった課題が発生し
ています。

　SDGsのターゲット11.6は「2030年までに、大気の質及び一般並び
にその他の廃棄物の管理に特別な注意を払うことによるものを含め、都市
の1人当たりの環境上の悪影響を軽減する」と設定されており、その進捗
を測る指標には「都市で生み出された固形廃棄物の総量のうち、定期的に
収集され適切に最終処理されたものの割合（11.6.1）」が設定されています。

　こうした廃棄物の処理について、国内自治体の中で早くから注目されて
きたまちが、今回ご紹介する徳島県上勝町です。上勝町では、後述する過
疎化の問題を抱え、都市人口の増加と状況は異なりますが、廃棄物の処理
について、私たちに新たな道筋を示してくれます。2019年の国内自治体
のリサイクル率の平均が19.6％である中、80.8％[注3]のリサイクル率を実
現する上勝町では、どのような仕組みが構築されているのでしょうか。

図1　SDGsのゴール11「住み続けられるまちづくりを」
（出典：国連広報センター[注4]）

2 環境先進都市「上勝町」の歩み

■ごみ処理問題から「ゼロ・ウェイスト宣言」に

　上勝町は、徳島県の中部に位置し、徳島市中心部から約40km、車で1時間ほどの距離にある山あいのまちです。町域の大部分が山地で、平地は1.8%にとどまるため、斜面に美しい棚田が広がります。また、町域の88.3%が山林で、そのうち80%がスギ等の人工林です。

　上勝町の人口は、1955年の6,236人をピークに、2015年には1,545人まで減少しており、65歳以上の人口が約53%に達しているなど、少子高齢化も深刻です。

　現在では「ごみの45分別」など、まちから焼却・埋め立てをなくそうとする取り組みが行われている上勝町ですが、意外にも1990年代半ばでは、そもそも分別は行われておらず、ごみも野焼きで焼却処分されていたそうです。その後、容器包装リサイクル法の施行を受け、1997年から9分類で分別回収を開始。翌1998年からは、22分別に増加させるとともに、町は小型焼却炉を2基設置して野焼きから移行を図りました。しかし、ダイオキシン類対策特別処置法の施行を受け、2000年12月、わずか3年の稼働期間で小型焼却炉は閉鎖されてしまいます。こうして、2001年にごみの35分別を開始することになったのです。

　それから2年後の2003年、上勝町に視察に訪れた米国・セントローレンス大学のポール・コネット教授から、廃棄物のリサイクルだけでなく「発生抑制」の考え方が伝えられ、同年9月議会で、国内初の「ゼロ・ウェイスト宣言」が発表されました。

　同宣言では、「ごみの再利用・再資源化を進め、2020年までに焼却・埋立て処分をなくす」という明確な目標が設定されました。この目標は、SDGsが掲げる野心的な目標と同様、非常に高いものですが。上勝町企画

環境課の菅 翠 さんは、「ゼロ・ウェイスト宣言が発表されたことで、町の
目標が明確になり、一層取り組みが進みました」と、その効果を振り返り
ます。

■生ごみを捨てない
――家庭の協力に基づく戦略的なごみ処理の仕組み

　それでは、「ゼロ・ウェイスト宣言」の実現に向けて、町は住民とどのよ
うな取り組みを進めてきたのでしょうか。

　まずは、上勝町のごみ収集の仕組みを理解することが必要です。上勝町
では、2016年から13種類45分別のごみ収集を開始しています（図2）。

　上勝町では、全戸で生ごみを家庭用コンポストで処理しています。この
家庭用コンポストの普及に向けて、上勝町は1991年から購入補助を開始
しています。現在も、電動生ごみ処理機については、購入時の自己負担が

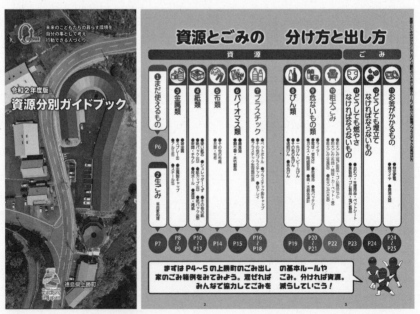

図2　「令和2年度版上勝町資源分別ガイドブック」の表紙（左）と分別表（右）注5

1万円になるよう、町が補助をしています。飲食業者は、組合で管理している業務用電動生ごみ処理機で処理をしています。

　こうした生ごみのコンポストによる処理を通じて、町は焼却費用の削減を実現しているのです。2017年度における上勝町のごみの量は286トン。これをすべて焼却・埋め立てすると、1,470万円かかるそうです。しかし、その80%が資源化されているため、593万円に抑えることができ、全く分別しないことに比べるとおよそ6割のごみ処理費用が削減されています。また、紙や金属は資源として業者が引き取ってくれるので、213万円の収入が発生しているのです。

　そして、町民は生ごみ以外の廃棄物を、町内唯一の一般廃棄物中間処理施設である「ゴミステーション（上勝町ゼロ・ウェイストセンター内）」まで自家用車で持参します。というのも、町内にごみ収集車は運行されていません。高齢者をはじめ、自家用車がない世帯には2カ月に1回、無料（粗大ごみは有料）で収集を行う運搬支援事業が実施されています。

■ごみの回収・排出をめぐる課題感

　こうした「ゴミステーション」での回収について、町民はどのような思いを持っているのでしょうか。

　2017年に町が発表した調査結果[注6]によると、「やや満足」もしくは「かなり満足」と答えた人は86%に及び、特に70〜80歳代の高齢者の満足度が高い結果となりました。ごみの分別や、ゴミステーションに足を運ぶことが習慣化されており、ほかの人とゴミステーションで交流できることを良い機会と捉えているという声も報告されています。一方で、「ごみの分別が難しい」と回答した人は46%に達しており、今後はごみの分別をより簡易にすることが必要と町も認識しています。

　菅さんは「町民の協力もあって、上勝町では廃棄物の資源化が進んでいますが、1人当たりのごみ排出量は増加傾向にあります。例えば、町民が

図3　上勝町のゼロ・ウェイスト施策を主導する菅翠さん（提供：ご本人）

週末に徳島市内で買い物をすると、商品の容器包装、ファストファッションなど、購入したものの中から多くの廃棄物が発生します。ほかにも、宅配の過剰包装など様々な原因が考えられます」と教えてくれました（図3）。

■町民の協力を得るための方策
──ちりつもポイント・くるくるショップ・くるくる工房

　上勝町では、雑紙、牛乳パック、アイスクリーム・ヨーグルトなどの紙カップ、ラップなどの硬い紙芯、焼却ごみの減量や処理費用の減額に貢献する資源を分別回収し、協力してくれた町民に「ちりつもポイント」と呼ばれるポイントを付与しています（図4）。獲得した「ちりつもポイント」に応じて、生活用品や児童の体操着、LED蛍光灯などの商品と交換することができます。また、町内で買い物をする際に、レジ袋の提供を辞退した場合も「ちりつもポイント」が加算されます。町内には、容器を持参すれば、量り売りで商品を販売してくれる商店等もあり、町の広報誌でも積極的に紹介しています。そのほか、紙おむつの減量を目指し、1歳未満の子

図4　ちりつもポイントを貯める「上勝町 ゼロ・ウェイストカード」(提供：上勝町)

どもがいる家庭を対象に、布おむつをプレゼントするなどの施策も実施しています。

　こうして様々な施策が実施されている上勝町ですが、町民の協力が必要不可欠です。町民は、不用品の中でまだ使用できるものを、ゴミステーションに隣接するリサイクルストア「くるくるショップ」に持ち込むことでリユースを徹底しています。また、再利用できる資源は、アップサイクル商品の販売施設「くるくる工房」でリメイクし、販売しています。ほかにも、「くるくる食器」と呼ばれるリユース食器の貸し出しサービスを一般社団法人「ひだまり」が運営しているなど、まさに「まちぐるみ」でゼロ・ウェイストの実現に向けた取り組みを進めていることが分かります。

3 意識を育む体験・交流型拠点 「ゼロ・ウェイストセンター」

■まちに根付いたゼロ・ウェイストの実践をビジネスでリメイク

　上勝町の新たなシンボルとも言える公共複合施設が「上勝町ゼロ・ウェイストセンター」です（図5）。上勝町のゴミステーションの建て替えを機に、2020年5月30日、「ごみゼロの日」にオープンしました。約5億円の総工費は、国の過疎対策事業債[注7] を活用しています。

　センター内には、ゴミステーションのほか、コミュニティスペースやシェアオフィス、前述の「くるくるショップ」、そして、まちのゼロ・ウェイストに向けた取り組みを実際に滞在して体験できる宿泊施設「HOTEL WHY」が設置されています。

　この施設の運営は、指定管理者制度を用いて、上勝町が株式会社 BIG EYE COMPANY（以下、BIG EYE）に、その管理を委託しています。ごみ処理業務については町が直接運営していますが、HOTEL WHY など施

図5　ゼロ・ウェイストセンターは、上空から見ると「クエスチョンマーク」になるよう設計されている（提供：上勝町）

設全体の指定管理料として公費は投入されておらず、HOTEL WHY 等の利益で運営しています。

上勝町と連携してきた BIG EYE 代表取締役の小林篤司さんは、施設の経営を指定管理料に頼るのは、サステナブルではないと語ります（図6）。

大学で機能情報工学を学んだ小林さんは、徳島市内で食品検査等を専門とする株式会社スペックに入社し、食品衛生に関するコンサルタント業務や、海苔の6次産業化などを手掛けていました。その活躍が当時の上勝町長の耳に入り、2011年頃から上勝町の地域活性化に関わるようになりました。

しかし、はじめから「ゼロ・ウェイスト」が地域振興策の目玉と捉えられていたわけではなく、風力や小水力発電などを利用した再生可能エネルギーが議論の中心だったといいます。

「当時は再生可能エネルギーの売電収入によって、地域の産業をつくりたいという話でした。しかし、上勝町の最重要課題は『過疎化』です。再生可能エネルギー施策による経済的なメリットはありますが、『過疎化を止める』という視点から見ると、まちの活性化にはつながりません。そこ

図6　小林篤司さんは「ゼロ・ウェイストセンターを地域課題の解決策を示す展示場のようにしたい」と展望を語る

で、すでに住民に根付いていたゼロ・ウェイストの実践をビジネスでリメイクすることを提案しました」と、小林さんは教えてくれました。

■公民連携に至るまでの調整と挑戦

　しかし、すぐに公民連携が軌道に乗ったわけではありませんでした。
　「ゼロ・ウェイストで町おこししようと呼びかけても、『ごみで町おこしなんて聞いたことがない』『上勝町がごみのまちというイメージを持たれるのはマイナスではないか』といった意見が大半で、数年間にわたって議会で否決されました。そこで、自分たちで成功例を示そうと考え、ゼロ・ウェイストをコンセプトにした『RISE & WIN Brewing Co. BBQ & General Store』（以下、RIZE & WIN）というクラフトビール工場を併設したレストランを町内にオープンしたのです」と振り返ります。
　RIZE & WIN は、廃材を再利用して建築されていたり、量り売りのビールをマイボトルに注いで持ち帰ったりと、ゼロ・ウェイストを体現する工

図7　RIZE & WIN は日本語訳すれば「上勝」。ネーミングにも上勝への愛情が込められている（提供：上勝町）

夫が詰まっています（図7）。そして、メディアで取り上げられ、全国から注目されるようになったことで、ゼロ・ウェイストが実際にビジネスにもなるということを町議会も理解し、「ゼロ・ウェイストで町おこし」がスタートしました。

　BIG EYE で CEO（Chief Environmental Officer：最高環境責任者）を務める大塚桃奈さんは、「一般家庭のごみの分別ルールは行政が決めているので、ゼロ・ウェイストを実現するには、公民連携で実施することは必要不可欠です。その中で BIG EYE は、ゼロ・ウェイストの実現に向けて取り組む町外の企業と上勝町をつないだり、小規模かつ実験的なプロジェクトを積極的に実施したりといった『民間企業だからこそできる役割』を担っています」と公民連携で取り組む意義について話します。

■体験して実感できる徹底的なごみ処理の取り組み

　HOTEL WHY に宿泊すると、チェックイン時にスタッフによるスタディ・ツアーに参加することができます。生ごみは各家庭のコンポストで処理されるため、ゼロ・ウェイストセンターでは臭気を感じません。

図8　HOTEL WHY の宿泊者は滞在中のごみを各部屋に設置された6種類のごみ箱に分別し（左）、チェックアウト時に45分別を体験できる（右）

HOTEL WHY では、ごみを極力発生させないように、寝間着や石けん、歯ブラシも宿泊客が持参します。各部屋には、①紙、②プラスチック、③瓶・缶・ペットボトル、④そのほかのプラスチック、⑤生ごみ、⑥その他、といった6種類に分別できるよう、ごみ箱が完備されています（図8・左）。希望者は、チェックアウト時（毎朝9時から）に、ゴミステーションで町民と同様の45分別で捨てることもできます（図8・右）。

　実際に45分別を行ってみると、「ここまで細かく分別しているのか」と驚かされます。麺類やスープなどの紙製のカップ容器は、ハサミで切れ込みを入れて平面にし、かさばらないようにするなどのルールも徹底されています。

　ごみの分別を示す表示版には、「入」や「出」という文字が書かれています。「入」は、資源として業者に買い取ってもらい、町の収入になることを示しており、右横に記載された数字は、1kg あたりの収入です。「出」は、その逆にあたるため、上勝町の支出になってしまいます。例えば「どうしても燃やさなければならないもの」の分別表示板には、「出60円」と表示されています（図9・左）。処理のために1kg 当たり60円を町が負担しなければならない、ということです。

図9　ごみの分別表示板（左）と、宿泊者も利用できるコンポスト（右）

4 上勝町が見据える 2030 年と、その先の未来

■ SDGs の観点から加速するゼロ・ウェイストの取り組み

こうした上勝町の取り組みと SDGs は深く関係しています。

小林さんは、「SDGs の達成期限である 2030 年はもちろん、2050 年、2100 年の上勝町をどう設計するか、役場と連携して未来を描いています。そこからバックキャスティングで、いつまでに何をやるべきか検討しています」と、SDGs が備えるバックキャスティングのアプローチを活用していると教えてくれました。

「過疎化が進む上勝町の暮らしを未来につないでいくための手段のひとつとして、町民の日々の暮らしの中にゼロ・ウェイストがあって、その先に SDGs のゴール 11 が示すような『住みつづけられるまち』が位置づけられると思います」と大塚さん。

また、SDGs のゴール 12「つくる責任 つかう責任」の観点から、ゼロ・ウェイストに向けた取り組みを新たな段階に進めたいと大塚さんは考えています。

「上勝町では、住民ができる限りゴミを減らすという『つかう責任』に焦点を当てた取り組みが行われています。しかし、市場で販売している商品は、複数の素材が混合されてつくられていて、消費者が分別することができないものもあります。ゼロ・ウェイストを実現するためには、企業の『つくる責任』についても考えていく必要があります。今後は、企業と連携した解決策の検討を進めるなど、『つくる責任』と『つかう責任』をつなぐ役割をゼロ・ウェイストセンターが担っていきたいと思います」と力強く語ってくれました。

■ゼロ・ウェイストをポジティブな印象に

　大塚さんは、高校生のときに文部科学省の奨学金「トビタテ！留学 Japan」の支援を受け、ファッションを学ぶためにスウェーデンに留学しました。この留学を通じて、ファストファッションの流入や少子高齢化で日本の繊維産業が衰退していることなど、ファッションを取り巻く社会課題に関心を持った大塚さんは、「ファッションを通じて社会をどう変えるか」について考えるようになったと言います。そして、大学生の時に、再び欧州に留学した大塚さんは、サーキュラーエコノミー[注8] の考え方などを学び、2020 年に上勝町に移住。ゼロ・ウェイストセンターのリーダーとして「ゼロ・ウェイスト」を実践し、国内外に発信しています（図10）。

　こうした大塚さんの姿に憧れて、環境問題に関心のある若者も上勝町に訪れるようになっています。

　「最近では、SDGs を通じて、上勝町の取り組みに関心を持ってもらうことが多くあり、SDGs は『追い風』のような存在でもあります。ゼロ・ウェイストセンターを訪れてくれた人にゼロ・ウェイストを実現していく

図10　大塚桃奈さんは、留学や研究の経験が現在の仕事にも役立っていると話す

ことは、面倒なことではなく、未来をつくるポジティブなアプローチであるということを伝えたいですし、地域課題の解決に向けた新たな取り組みを一緒に考え、実行していきたいです」と大塚さんは目を輝かせます。

■取り組みを加速する宣言の発表と"人づくり"に向けた課題

　BIG EYE の取り組みが進むとともに、町も 2030 年を達成期限とする新たな「上勝町ゼロ・ウェイスト宣言」を発表して、さらに取り組みを加速させようとしています（図 11）。

　「以前のゼロ・ウェイスト宣言の中で、取り組む余地が残っているのが『人づくり』に関する部分だと思っています。そこで、昨年発表したゼロ・ウェイスト宣言にあるように、これからの10年は、新しい時代のリーダーを輩出することなど『人づくり』について、これまで以上に焦点を当てていきたいと考えています」と、菅さんは教えてくれました。

上勝町ゼロ・ウェイスト宣言

　2003年のゼロ・ウェイスト宣言から17年、上勝町では町民一人一人がごみ削減に努めリサイクル率80％以上を達成しました。小さな町の大きな挑戦は世界から注目され、持続可能な社会への道筋を示しました。
　私たちが目指すのは、豊かな自然とともに、誰もが幸せを感じながら、それぞれの夢を叶えられる町です。
　上勝町はゼロ・ウェイストの先駆者として、「未来のこどもたちの暮らす環境を自分の事として考え、行動できる人づくり」を2030年までの重点目標に掲げ、再びゼロ・ウェイストを宣言します。

1 ゼロ・ウェイストで、私たちの暮らしを豊かにします。

2 町でできるあらゆる実験やチャレンジを行い、ごみになるものをゼロにします。

3 ゼロ・ウェイストや環境問題について学べる仕組みをつくり、新しい時代のリーダーを輩出します。

2020年12月18日

図 11　2020 年に発表された上勝町のゼロ・ウェイスト宣言[注9]

過疎化、高齢化といった様々な課題と向き合いながら、行政と企業、そして住民が連携してゼロ・ウェイストという新たな社会モデルを実践する上勝町は、SDGs のゴール 11 に掲げられた「住み続けられるまちづくりを」の 1 つの姿を私たちに示してくれます。

■注釈

注1　総務省「報道資料 統計からみた我が国の高齢者」〈https://www.stat.go.jp/data/topics/pdf/topics126.pdf〉（最終アクセス：2021 年 8 月 10 日）

注2　国連人口基金ウェブサイト「世界人口推移グラフ」〈https://tokyo.unfpa.org/ja/resources/%E8%B3%87%E6%96%99%E3%83%BB%E7%B5%B1%E8%A8%88〉（最終アクセス：2021 年 8 月 10 日）

注3　環境省「一般廃棄物の排出及び処理状況等（令和元年度）について」〈https://www.env.go.jp/recycle/waste_tech/ippan/r1/data/env_press.pdf〉（最終アクセス：2021 年 8 月 10 日）

注4　国連広報センターウェブサイト〈https://www.unic.or.jp/activities/economic_social_development/sustainable_development/2030agenda/sdgs_logo/sdgs_icon_black_and_white/〉（最終アクセス：2021 年 8 月 9 日）

注5　上勝町ウェブサイト「令和 2 年度版上勝町資源分別ガイドブック」〈http://www.kamikatsu.jp/docs/2017040700010/file_contents/R2betsugideobook.pdf〉（最終アクセス：2021 年 8 月 9 日）

注6　「広報かみかつ」2017 年 7 月号、p.12

注7　過疎対策事業債とは、「過疎地域自立促進特別措置法（平成 12 年法律第 15 号）により過疎地域に指定された市町村が、過疎地域自立促進市町村計画に基づいて行う事業の財源として特別に発行が認められた地方債」を指す（総務省自治財政局財務調査課「過疎対策事業債について」〈https://www.soumu.go.jp/main_content/000478828.pdf〉（最終アクセス：2021 年 8 月 28 日））

注8　本書 p.201 を参照

注9　Zero Waste Kamikatsu ウェブサイト〈https://zwtk.jp/〉を基に筆者作成

■参考文献

1.『ソトコト』2020 年 9 月号「地球の未来を考え、学ぶ『HOTEL WHY』」pp.22-27、株式会社 sotokoto online 発行

事例 10 目指すは資源循環型の サーキュラーヴィレッジ

鹿児島県大崎町 × 合作株式会社

大崎町

1 捨てればごみ、分ければ資源

　あなたのまちで捨てられたごみを、誰がどのように処分しているか知っていますか？　ごみ収集車によって回収されたごみは、処分場に埋め立てられたり、焼却炉で燃やされたり、あるいはリサイクルされて新たな人の手に渡ったりと、様々な工程に多くの人が関わっています。

　SDGsの文脈でも、リサイクルの促進はゴール12「つくる責任 つかう責任」などで、その重要性が示されています（図1）。ターゲット12.5では「2030年までに、廃棄物の発生防止、削減、再生利用及び再利用により、廃棄物の発生を大幅に削減する」と明記されています。こうした「廃棄物（ごみ）」に着目し、「捨ててればごみ、分ければ資源」を合言葉に、毎年80％を超えるリサイクル率を達成しているのが鹿児島県大崎町です。

図1　SDGsのゴール12「つくる責任 つかう責任」
(出典：国連広報センター[注1])

2 国内外から注目を集める「大崎システム」

■全国に先駆けるリサイクル先進都市

　鹿児島空港から車でおよそ1時間。大隅半島の東南部に位置する大崎町の人口は、およそ12,000人です。基幹産業は農業で、うなぎやマンゴー、パッションフルーツといった返礼品によって、2015年にはふるさと納税額全国1位にも輝いています。

　さらに大崎町には、2006年度から12年連続でリサイクル率全国1位に輝いていた実績があります。そこで、大崎町は「SDGs型のリサイクル地域経営」を掲げて、第2回ジャパンSDGsアワード副本部長賞（内閣官房長官賞）を受賞しました。そして、2019年度のSDGs未来都市及び自治体SDGsモデル事業にも選定されています。

■契機となった埋立処分場の逼迫

　今では「リサイクルを推進する先進都市」として、全国に知られるようになった大崎町ですが、その背景には、町内に焼却施設がないという課題がありました。

　1990年代後半、大崎町は燃えるごみ・燃えないごみを分別せず、混載して埋立処分場で処分していました（図2）。しかし、1990年から使われていた埋立処分場は、2004年には埋立許容量の上限に達してしまうことが見込まれたため、少しでも延命させるべく、ごみの分別リサイクルが始

図2　1990年代から使い続けられている埋立処分場は、2040年まで使用できる見込み （提供：大崎町）

まったのです注2。

　当時、行政には、①焼却炉の建設、②新たな埋立処分場の建設、③既存の埋立処分場の延命化という3つの選択肢がありました。しかし、焼却炉を建設して維持するには多額の費用がかかり、一方で埋立処分場の新設に対しても、当時一緒に埋め立てられていた生ごみなどの有機物の悪臭を理由に、住民からの反対の声が強くなることが想定されました。

■システムを支える行政・住民・企業の役割と連携

　こうした経緯もあり、「既存の埋立処分場の延命」を選んだ大崎町。現在では27品目にも及ぶ「ごみの分別ルール」を設け、住民と協力しながら、後に「大崎システム」と呼ばれる分別回収の仕組みを構築してきました（図3）。大崎システムが機能する背景には、行政・住民・企業による連携があります（図4）。

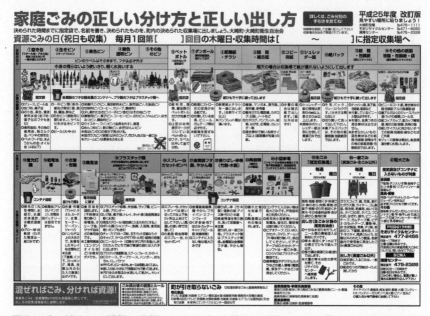

図3　ビンだけで4種類に分類されるなど、大崎町の分別ルールは驚くほど品目が細分化されている注3

図4　行政・住民・企業の三者の公民連携が大崎システムの鍵と言える（大崎町提供の写真・筆者撮影の写真を基に筆者作成）

まず行政の役割として、分別品目を決める等のルールの整備、収集した
ごみの最終的な出口の確保、地域のリーダーへの講習会の開催を挙げるこ
とができます。

　次に、住民の役割として、丁寧にごみを分別し、「ステーション」と呼ば
れる地区ごとの収集場所に持ち込むことが挙げられます。制度開始当初に
は、延べ450回にも及ぶ説明会が開催され、町役場職員がすべての集落に
足を運んで、埋立処分場が逼迫しているという課題と分別のルールなどを
説明して回ったといいます。

　そして、大崎システムでは、有限会社そおリサイクルセンターにごみの
回収を委託しています。住民から回収される際には27品目で回収し、リ
サイクルセンターで40品目に再分別した上で検査を行い、買取先に「出
荷」されます。

　大崎町住民環境課の松元昭二さんは「大崎システムでは、行政と住民と
企業の三者が連携し、協働していることが成功の秘訣です。その中で住民
の役割は非常に重要です。どんなに行政がルールを整備しても、どんなに
企業が仕組みを構築しても、住民が分別をしてくれなければ、大崎システ

図5　松元昭二さんは「住民の協力が大崎システムの鍵」と語る（提供：大崎町）

ムはそもそも成り立ちません。この仕組みは住民が主役なのです」と、大崎システム成功の秘訣を教えてくれました（図5）。

　一連の取り組みの結果、2018年の埋立処分量は、1998年当時と比べて約85%少ない水準に。埋立処分場も2020年時点で残り35～45年間使用できる見通しで、大幅な延命化を実現しています。

　なお、大崎町で排出されるごみのうち、生ごみと草木が約60%を占めています。生ごみは2人の職員で管理し、水分を調整しながら発酵させることで堆肥化して「おかえり環ちゃん」というネーミングで販売しています。このように、生ごみを新たな資源として循環させる取り組みも進めています。

■インドネシアへの大崎システムの技術移転

　大崎システムは、町内だけに閉じたものではありません。大崎町は、独立行政法人国際協力機構（JICA）と連携して、インドネシアの自治体にも大崎システムを伝え、地域課題の解決に協力してきました。

　大崎町は、焼却炉の不足と埋立処分場の逼迫という同じ課題を抱えていた人口200万人のデポック市で、2012～2014年度の3年間にわたり、生ごみの堆肥化を通じたごみの減量化支援を行いました。

　また、2015～2016年度にかけては人口400万人を超えるバリ州へ、さらに2021年度からはジャカルタ州の支援も開始。技術指導のために職員を派遣するとともに、逆に現地の自治体から職員を受け入れ、分別回収の視察や、生ごみ・草木の堆肥化技術の習得支援といった積極的なサポートを行っています。

　大崎システムを海外に伝えることで、まちにどのような利点があるのでしょうか。大崎町企画調整課長の中野伸一さんは次のように語ります（図6）。「もともと大崎システムは、ごみ問題への対応という生活上の課題を解決するために始まりましたが、人口1万人規模の大崎町が、200万人超の人口を有する海外の自治体に貢献していることは、国内の小規模自治体にも

図6　海外自治体との連携にも豊富な経験を有する中野伸一さん （提供：大崎町）

勇気と希望を与えることができたと思います。また、職員にとっても、大崎システムをゼロベースで構築できる機会を得られることは、職員のスキルアップにもつながります。私自身も、大崎システムを海外に伝える業務を通じて、世界に貢献している実感を得られていますし、大崎町の職員になって良かったと感じています。」

3 資源循環型の地域社会を目指すまちづくり

■リサイクルからサーキュラー・エコノミーへの挑戦

　このように、海外の自治体からも注目される知見を有する大崎町ですが、「資源循環型のまちづくり」をさらに進展させるため、金融機関をはじめとした県内外の多様な企業とともに、2021年4月に「一般社団法人大崎町SDGs推進協議会」（以下、協議会）を設立しました。

　大崎町は、この協議会を中心として、使い捨て容器の削減や脱プラスチックなどの取り組みを進めることによって、資源循環型の地域社会、「サー

図7　大崎町が目指す未来の姿を示す「ヴィジョンマップ」（出典：大崎町ウェブサイト）

キュラーヴィレッジ・大崎町」を構築しようとしています（図7）[注4]。

■ SDGs 推進の中心を担う合作株式会社

　協議会に設立時から参画している企業の1つが、合作株式会社（以下、合作）です。現在、合作は、大崎町 SDGs 推進協議会の事務局を務めており、大崎町における SDGs 推進事業の中心的な役割を担っています（図8）。

　代表の齊藤智彦さんは、山梨県富士吉田市で地域づくりを目的とした財団法人の設立・運営や、デザインやクリエイティブの視点を加えた地域課題解決などに取り組むなど、まちづくりに豊富な経験を有する専門家です。

　2018年6月に初めて大崎町を訪れた齊藤さんは、大崎町役場職員の仕事ぶりに感銘を受けるとともに、10年以上にわたってリサイクル率全国1位に輝く秘訣を知りたくなったと言います。その後、定期的に大崎町を訪問し、町役場との連携を深め、町の現状や課題を分析する中で、改めて「大

図8　公民連携や広報など、それぞれが高い専門性を有する合作の面々（提供：合作株式会社）

崎町の取り組みは、環境問題が非常に重要視される現代社会において、その解決に寄与する可能性がある」と感じ、大崎町と一層関わりを持ちたいと思いを深めていきます。

■公民連携の適任人材とは

　2019年1月、齊藤さんは役員を務めていた民間企業からの出向という形で、大崎町の政策補佐監に就任。大崎町での活動を、実際に町役場の一員としての立場からも担うことになりました。そこで感じた公民連携の必要性と葛藤を、齊藤さんは次のように振り返ります。

　「大崎町は、『リサイクル率全国1位』という輝かしい実績があるので、環境に対しての取り組みや、SDGsを推進する県内外の企業からの関心も寄せられます。そして、大崎町としてもSDGs推進を行いたいという思いがあるので、互いのニーズは確かに合致します。

　その一方で、企業側と行政側の言語や習慣が異なることで、実際に具体的な連携まで発展しないで立ち消えになってしまう状況が多数生じていま

した。

　例えば、企業側が「特別目的会社（SPC）[注5]を設立して、大崎町の課題解決をビジネスの力を活用して行いましょう」と声をかけてくれても、行政側にSPCを含め会社設立などに関する知識や経験がなく、応じられないことなどがありました。行政のスピード感と、日進月歩の企業のスピード感が噛み合わず、案件がどんどん流れてしまうという課題を痛感しました」と齊藤さん。

　こうした課題は、連携する行政側も感じていました。

　大崎町役場の中野さんと松元さんは、「例えば、地域活性化という言葉1つとっても、企業側は『広く社会に有益なことは何か』を考える一方、行政側は『町民に有益なことは何か』を第一に考えます。社会をより良くしたいという思いや、実際に行われる取り組みは同じでも、行政の場合は、地域住民に分かりやすく取り組みの効果を伝える作業が入るのです。齊藤さんは大崎町に移住して、こうしたプロセスの違いを町民の立場からも理解しようとしてくれました。同じ視座で物事を考えてくれる齊藤さんと、3年を超える時間を共有して信頼関係を構築できたことが連携を円滑に進める鍵になったと感じています」と、当時を思い出しながら語ります。

■民間のスピード感を保つための組織運営の工夫

　大崎町役場に出向し、実際に着手してきた事業に手応えと課題を感じた齊藤さんは、旧知の仲だった西塔大海さん（現・合作株式会社 取締役）に相談し、合作を設立。その後、齊藤さんらが牽引役となって、一般社団法人大崎町SDGs推進協議会が立ち上がりました。

　設立にあたって、どのように事業を承認していくかという運営規約なども一から整備していく中で、協議会の運営資金は、国としても活用を促進しようとしていた企業版ふるさと納税[注6]を活用することにしました。

　また、協議会は定期的に活動に対しての外部評価を実施し、上手く事業

が進んでいない場合は契約が解除されるという条件を課した上で、合作が一括で事務局業務を受託することにより、民間企業の特徴であるスピード感を失わずに事業を進め体制にしているといいます。

「以前は、地域おこし協力隊[注7]や国からの補助金といった目の前にある便利なツールを使って目的を達成しようとしていました。しかし、目的を達成するためには何が必要か、バックキャストで考える必要があることに気づきました。達成する目標に応じて、事業契約にも適切な形があります。今回のケースでは、目的を明確にし、スピード感の重要性を確認したことにより、それを実行するために、責任の所在を明確にした、そうした契約形態を選びました」と齊藤さんは話します。

4 "捨て方のデザイン"も織り込んだシステムへの進化

■大崎町民が有する視座を世界のスタンダードに

2021年4月、いよいよ動き始めた合作に、新たな仲間が5名加わりました。その1人が、取締役を務める鈴木高祥さんです（図9）。

ワークショップデザイン等を行う「株式会社カゼグミ」の代表でもある鈴木さんは、一般社団法人 Think the Earth の推進スタッフとして SDGs 採択直後から SDGs を推進してきた経験の持ち主です。また、2017年から茨城県庁とともに県の移住事業を手掛けるなど、公民連携に関する経験も豊富に有しています。大崎町での活動に関心を持つ都内の社会人や学生のニーズを基に「企業との連携事業づくり」の営業に取り組む鈴木さんは、初めて町を訪れた際の驚きを次のように振り返ります。「大崎町にある道の駅で買い物をした際に、ごみ箱が設置されていないことに驚きました。恐らく、大崎町の住民の意識の中には、"捨てないこと"が習慣化されているのではないかと感じました。」

さらにその後、東京で仕事をしつつ、毎月数日間を大崎町で過ごす生活を続ける中で大崎システムを徐々に理解した鈴木さんは、あることに気づきます。

「大崎町では『現材料が揃っている商品』のインパクトが強いことに気づきました。靴下を例にすると、商品タグが紙製で、留め具が金属製、本体が布製、包装はビニールと、様々な材料で靴下という商品が販売されています。これを大崎町のルールに従って分別すると、少なくとも4種類に分けて捨てなくてはいけません。もしも全部同じ材料なら分別の手間はなくなります。こうした『ごみの分別の手間をなくす』という観点から逆算して考えることも、持続可能性を念頭に置いた商品開発を実践するヒントになると感じました。」

　齊藤さんも、大崎町の取り組みは世界の課題を解決する可能性を秘めていると続けます。

図9　朝日新聞社とワークショップの場づくりを2017年から行うなど、SDGsに対する深い知見も有する取締役の鈴木高祥さん。合作取締役就任後も生活の拠点は東京・茨城に置き、東京圏と大崎町をつなぐ業務を行っている（提供：ご本人）

「大崎システムを細分化していくと、もう大崎町ができることはほとんどないと言えるほど丁寧に分別が行われています。しかし商品の原料調達から廃棄までを全体で考える「ライフサイクルアセスメント（LCA）[注8]」の視点から見ると、分別して廃棄するという行為は、全体の一部に過ぎません。また、大崎町の住民も特別な商品を購入しているわけではなく、一般に市場で出回っている商品を購入しています。大崎町が世界のスタンダードになることで、商品やサービスの在り方を変えることができるのではないかと感じています。」

■ヤフーの企業版ふるさと納税の寄付先に

　こうして、公民連携の体制が整いつつあった 2021 年 8 月、ヤフー株式会社（以下、ヤフー）による脱炭素化や再生可能エネルギー化に向けた企業版ふるさと納税の寄付先として、大崎町が選定されたことが報じられました。自治体によるカーボンニュートラルに向けた地方創生の取り組みに対して Yahoo! JAPAN が寄付を通じた支援を行う「Yahoo! JAPAN 地域カーボンニュートラル促進プロジェクト」の対象となる 8 自治体の 1 つに、大崎町が選ばれたのです。これにより、大崎町はヤフーから大崎システムの横展開に 4,600 万円の寄附を受けています。

　大崎町は協議会の運営資金に、企業版ふるさと納税を活用していますが、その使途を SDGs の達成に向けた取り組み（大崎町のみが利益を得るのではなく広く社会のためになる事業）にのみ支出できるように限定することで、他の自治体の企業版ふるさと納税の取り組みと差別化を図っています。

■町役場と合作が見据える未来の大崎

　町役場職員の熱意と知見に、齊藤さんや鈴木さんといった民間企業の力が加わり、大崎町はこれまでの大崎システムをさらにアップデートした「NEW 大崎システム」を構築しようとしています。

「協議会では、現在３つの取り組みを検討しています。まずは、専門家の知見を借りて環境アセスメントを行うことです。次に、LCA の観点から、①商品設計を改善する、②売り方を変える、③物流・回収を変える、といった３つの段階を変えて、大崎システムを実施するための『循環型のデザイン』を企業と連携して試行しています。そして、構築した新たな大崎システムの世界展開など、取り組みを進めていくことで SDGs の達成に向けた１つのモデルを示せると思います」と齊藤さんは語ります。

　松元さん「公民連携で SDGs を進めたことで、民間企業の知恵やアイデアがもたらされ、次のステージに進むきっかけを与えてもらっています。SDGs をツールとして活用しながら、さらに取り組みを進めていきたいと思います」と目を輝かせます。

　日本一のリサイクル率を誇り、インドネシアなど海外都市の課題解決にも貢献している大崎町は、SDGs の最先端を行く「課題解決の先進地」として、今後さらに世界から注目されるまちになっていくはずです。

■注釈

注1　国連広報センターウェブサイト〈https://www.unic.or.jp/activities/economic_social_development/sustainable_development/2030agenda/sdgs_logo/sdgs_icon_black_and_white/〉（最終アクセス：2021年4月10日）

注2　『SDGs×自治体 実践ガイドブック』pp.85-92 を参照されたい

注3　大崎町ウェブサイト「家庭ごみの正しい分け方と正しい出し方（日本語ポスター）」〈https://www.town.kagoshima-osaki.lg.jp/jk_kankyoutaisaku/kurashi/gomi/bunbetsu/documents/gomibunbetsu.pdf〉（最終アクセス：2021年9月3日）

注4　大崎町報道資料「『リサイクルの町から、世界の未来を作る町へ。』リサイクル率12年連続日本一の鹿児島県大崎町が、企業と協働で2030年SDGs達成に向けた実証実験や人材を育成するための協議会を設立」〈https://www.town.kagoshimaosaki.lg.jp/kc_kikakuseisaku/documents/pres.pdf〉（最終アクセス：2021年5月27日）

注5　特別目的会社（SPC）とは、「事業内容が特定されており、ある特定の事業を営むことを目的とした会社のこと。『特定目的会社による特定資産の流動化に関する法律』（SPC法）』の規定に基づいて不動産、指名金銭債権など資産の流動化を目的とした特定

目的会社が代表的。」(EY 新日本有限責任監査法人ウェブサイト「用語集・特別目的会社」〈https://www.shinnihon.or.jp/corporate-accounting/glossary/financial-instruments/tokubetsu-mokuteki-gaisya.html〉(最終アクセス：2021 年 8 月 14 日)

注 6　企業版ふるさと納税とは、「国が認定した地方公共団体の地方創生プロジェクトに対して企業が寄附を行った場合に、法人関係税から税額控除する仕組み」。内閣府地方創生推進事務局「企業版ふるさと納税」〈https://www.chisou.go.jp/tiiki/tiikisaisei/portal/pdf/R2panph.pdf〉(最終アクセス：2021 年 9 月 4 日)より

注 7　地域おこし協力隊とは、「都市地域から過疎地域等の条件不利地域に移住して、地域ブランドや地場産品の開発・販売・PR 等の地域おこし支援や、農林水産業への従事、住民支援などの「地域協力活動」を行いながら、その地域への定住・定着を図る取組」を指す。(出典：総務省ウェブサイト「地域おこし協力隊とは」〈https://www.soumu.go.jp/main_sosiki/jichi_gyousei/c-gyousei/02gyosei08_03000066.html〉(最終アクセス：2021 年 9 月 6 日))

注 8　ライフサイクルアセスメントとは、「製品やサービスのライフサイクルを通じた環境への影響を評価する手法」を指す」。環境省「再生可能エネルギー及び水素エネルギー等の温室効果ガス削減効果に関する LCA ガイドライン」https://www.env.go.jp/earth/ondanka/lca/index.html (最終アクセス：2021 年 9 月 28 日)より

■参考文献

1. 朝日新聞デジタル「ゴミ分別で 8 割超をリサイクル　鹿児島県大崎町が目指す循環型社会」〈https://www.asahi.com/sdgs/article/art_00093/〉(最終アクセス：2021 年 5 月 27 日)
2. greenz.jp「リサイクル率日本一のまちが『世界の未来をつくるラボ』になる。鹿児島・大崎町で、合作株式会社がはじめた“SDGs ど真ん中”の仕事とは？」〈https://greenz.jp/2020/12/25/gassaku_kyujin/〉(最終アクセス：2021 年 5 月 27 日)

包摂的で透明性の高い行政の運営形態

●全米で最も住みよいまち

　人口約65万人のポートランド市は、米国西海岸の北部にあるオレゴン州の都市で、「全米で最も住みよいまち」の1つとして知られています。州都であるセーラム市が州の政治の中心であるのに対し、ポートランド市は経済の中心です。1959年には札幌市と姉妹都市提携を結び、スポーツを通じた交流や、札幌市立高等学校の生徒をポートランド・グラント高校に派遣する事業を行っています。さらに、自治体職員対象の訪問型研修プログラムが2004年から2016年にかけて東京財団により実施されるなど、国内自治体からも注目度の高いまちです。

　ポートランド市で30年近く暮らし、2004年からポートランド州立大学の教員として活躍する行政学者の西芝雅美さん（同大学ハットフィールド行政大学院行政学部長）によると、ポートランド市のまちづくりにおける実践は、SDGsのゴール11「住み続けられるまちづくりを」と16「平和と公正をすべての人に」と関連が深いそうです（図1）。

　それでは、ポートランド市のまちづくりとSDGsは、具体的にどのように関係しているのでしょうか。

図1　SDGsのゴール16「平和と公正をすべての人に」
（出典：国連広報センター注1）

西芝さんの協力を得て、「住民が主体となるまちづくり」というキーワードで、現在も高い注目を集めている米国・ポートランド市の取り組みについて、SDGsと公民連携の観点から紹介します。

●全米でも珍しいコミッショナー制という行政システム

まず特徴的なのが、行政の運営形態です。

「米国では、各自治体が行政の運営形態を選択できます。ポートランド市は、全米で主流となっているシティ・マネージャー制ではなく、コミッショナー制[注2] を採用しています（図2）。人口10万人以上の都市でコミッショナー制を採用しているのは、全米でポートランド市だけで、非常に珍しい特徴です」と西芝さんは指摘します[注3]。

ポートランド市のコミッショナー制では、5名のコミッショナー（議員）が直接選挙で選ばれ、うち1名は市長を兼ねます。任期はいずれも4年で、市長とコミッショナーは立法機能と行政機能を併せ持ち、準司法機能も兼ね備えています。

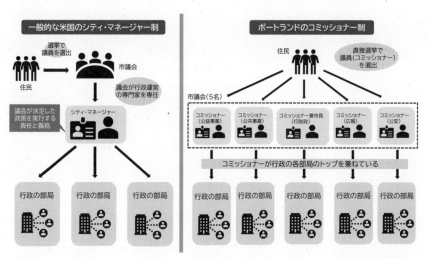

図2　一般的なシティ・マネージャー制と、ポートランドのコミッショナー制の違い[注4]

図3 西芝さんは、日本から数多くの自治体職員を受け入れ、成長の機会を提供してきた（提供：ご本人）

　市長とコミッショナーは、毎週「カウンシル・ミーティング（市議会）」を開催し、市の予算策定や条例・規則等の制定を行います。また、コミッショナーは、市の部局の長としての役割も担っており、それぞれが所管する部局の運営にも携わります。

　市長とコミッショナーの関係について、西芝さんは「どの部局にどのコミッショナーを割り当てるか決定する権限は市長にあります」と語ります（図3）。

●住民参加の鍵はコミッショナーの姿勢と透明性

　それでは、コミッショナー制が採用されれば、住民参加が進むのでしょうか。

　「ポートランド市以外にも、米国にはコミッショナー制を採用していた都市がありました。しかし、必ずしもそうした都市で住民参加が盛んだったわけではないので、コミッショナー制が住民参加の決定的な要因とは言えません。しかし、コミッショナーに対して、住民が意見を直接届けられることで、住民参加を促す要素にはなっています」と西芝さんは語ります。

「コミッショナーは地区の代表ではないので、すべての市民から話を聞いて政策に反映する役割があります。日本と比較して住民の目も厳しく、住民側がコミッショナーに相談したことを実現しないと、次回の選挙で選ばれなくなるため、コミッショナーも真剣に住民の声に向き合います。特に、サム・アダムス元市長は住民の意見を聞くのが好きでした。ときには市長自身がファシリテーターとなり、住民との円卓会議（ラウンドテーブル・ディスカッション）を開催していました。こうした様子がケーブルテレビでも放送され、サム・アダムス元市長には『住民に寄り添った市長』というイメージがありました」と西芝さんは続けます。

　こうした透明性のある行政運営はSDGsのターゲット16.6「あらゆるレベルにおいて、有効で説明責任のある透明性の高い公共機関を発展させる」や、16.7「あらゆるレベルにおいて、対応的、包摂的、参加型及び代表的な意思決定を確保する」に貢献する取り組みでしょう。

交通システムへの住民参加

●戦後の道路建設計画への反対運動からみる住民参加の歴史

　次は、都市計画の観点から見てみましょう。

　米国では、第二次世界大戦後、自家用車の普及もあり、州間高速道路の建設が進められました。この中でオレゴン州でも、ポートランド市の東側に位置するフッド山（Mt. Food）と市内とを結ぶ高速道路「Mt. Food Freeway」の建設計画が浮上しました。

　しかし、1969年に具体化された計画では、高速道路の建設にあたって、建設予定地の住宅を取り壊す必要があったことや、環境保全運動の高まりもあり、計画への反対運動が巻き起こりました。その後、反対派の市議会議員であるニール・ゴールドシュミット氏が「Mt. Food Freeway」の建設阻止を主な主張に掲げ、33歳で市長に当選。そして1974年には、連

邦地裁が「Mt. Food Freeway」のルート選択が合法的になされていなかったとの判決を下したことで建設計画は中止されました。

これを受け、市は計画で割り当てられていた資金を公共交通事業に振り替える許可を連邦政府から取得。それをもとに、「MAX」と呼ばれる路面電車（LRT）の導入につなげました[注5]。

●多様な使い手に配慮した路面電車のデザイン

1986年に導入された路面電車は、いまや住民や観光客の足として親しまれています。運営主体は、バスやライトレールといった都市圏の交通行政を担う特別行政体「トライメット（TRIMET）」です（図4）。

路面電車の車両には、車椅子の乗客も乗車しやすいように、低床車両が採用されています。「車内外にあるボタンを押せば、自動的に車内からステップがせりだし、ホームと車両の間には段差が全く生じない[注6]」ようになっています。

こうした配慮は、SDG11のターゲット11.2「2030年までに、脆弱な立場にある人々、女性、子供、障害者及び高齢者のニーズに特に配慮し、公共交通機関の拡大などを通じた交通の安全性改善により、全ての人々に、

図4　車椅子の乗車に補助を必要としない路面電車が市内を行き交う（提供：西芝雅美さん）

安全かつ安価で容易に利用できる、持続可能な輸送システムへのアクセスを提供する」に貢献しています。また、SDG10「人や国の不平等をなくそう」のターゲット 10.2「2030 年までに、年齢、性別、障害、人種、民族、出自、宗教、あるいは経済的地位その他の状況に関わりなく、全ての人々の能力強化及び社会的、経済的及び政治的な包含を促進する」を体現する取り組みとも言えるでしょう。

市民参加原則の採択にみる行政職員の意識改革

●行政職員が遵守する 7 つの行動原則

このように、行政だけにまちづくりを任せずに、住民が望むまちの姿を実現していく「住民参画によるまちづくり」を実践するポートランド市。ターゲット 11.3「2030 年までに、包摂的かつ持続可能な都市化を促進し、全ての国々の参加型、包摂的かつ持続可能な人間居住計画・管理の能力を強化する」や、前述のターゲット 16.7 にも即した取り組みに満ちています。

近年の動きで特に注目したいのが、2010 年からポートランド市で運用されている「住民参加原則（Public Involvement Principle）」です。「透明性」や「説明責任」などからなる行動原則で、行政職員は業務を進める際に遵守することが求められています（図 5）。

さらに、住民参加の正当性を担保するために、「市民諮問委員会」（Public Involvement Advisory Council；PIAC）が設置され、それぞれの原則に尺度を設けて、適切に住民参加が実行されているか、監視・評価をしています。

なお住民参加原則は、英語だけでなく、中国語、ロシア語、スペイン語、ベトナム語でもウェブサイト上で公開されており、外国籍住民に対する包摂性も担保しています。

市民参加原則 Public Involvement Principles	原則その1	パートナーシップ （Partnership）
	原則その2	早期からの参画 （Early Involvement）
	原則その3	関係性とコミュニティのキャパシティの構築 （Building Relationships and Community Capacity）
	原則その4	包摂制と平等 （Inclusiveness and Equity）
	原則その5	良質なプロセスのデザインと実施 （Good Quality Process Design and Implementation）
	原則その6	透明性 （Transparency）
	原則その7	説明責任 （Accountability）

図5　ポートランドの住民が行政とともに構築した住民参加原則の7つの原則[注7]

●参加を引き出す職員のファシリテーション力

　ポートランド州立大学は、市の課長級より上の職位にある職員を行政組織内部のトレーナーとして養成するプログラムを実施し、西芝さんが講師を務めています。こうした行政との密接な関わりの中で、西芝さんは「市職員が専門家として計画を進めるのではなく、住民との話し合いの場を設け、住民の声を引き出す、ファシリテーション技術が重要」と語る市職員に出会うことができたと言います。

　SDGsのゴール16に明示されているように、持続可能な社会を実現するために、公正な行政運営は重要な要素です。その実現に向けて、国内の自治体だけでなく海外の自治体の取り組みも参照できれば、新たな視点などを得ることも可能です。そのような場面で、世界の「共通言語」ともいうべきSDGsは、同じ視野で政策を捉えることを可能にしてくれます。

●日本とつなぐまちづくり人材育成プログラム「JaLoGoMa」

　冒頭にご紹介した東京財団による自治体職員対象の訪問型研究プログラムである「まちづくり人材育成プログラム：Japanese Local Government and Management Training（JaLoGoMa）」ですが、017年以降はポートランド州立大学が独自財源で運営を続け、ポートランド市のまちづくりについての知見を日本の自治体職員等に伝えています。

　2020年度と2021年度は、新型コロナウイルスの感染拡大を受けてオンラインで行われ、全国から多くのまちづくりに関わる人材の参加が見られました（図6）。コロナ禍が収束すれば、現地でのプログラム実施を予定しているとのこと。JaLoGoMaのような機会を通じて、公民連携の観点を深めることも、自治体職員にとって有効な成長の機会と言えます[注9]。

図6　2021年度のJaLoGoMa募集チラシ[注8]

■注釈

注1　国連広報センターウェブサイト〈https://www.unic.or.jp/activities/economic_social_development/sustainable_development/2030agenda/sdgs_logo/sdgs_icon_black_and_white/〉（最終アクセス：2021年4月10日）

注2　コミッショナー制とは、「議員が行政各部局のトップを兼ねるコミッショナーを担う」もので、シティ・マネージャー制とは、「議会が行政の専門家（事務方のトップ）を任命し、議会が決定した政策を実行する責任と義務を全面的に委ねる」ものである（川勝健志（2019）「ポートランドのまちづくりに学ぶ」pp.40〜43『国際文化研修』2019秋 vol115. 全国市町村国際文化研修所）

注3　2020年11月時点で、ポートランド市憲章の見直しを行う委員会が設置され、コミッショナー制から別のシステムへの移行も検討されている

注4　川勝健志（2019）「ポートランドのまちづくりに学ぶ」pp.40〜43『国際文化研修』2019秋 vol115. 全国市町村国際文化研修所を参考に筆者作成

注5　2020年度に実施された JaLoGoMa プログラムのビデオ教材を基に記載

注6　小谷通泰（2005）「コンパクトなまちづくりを支える公共交通システム―米国ポートランド都市圏を対象として―」〈https://www.iatss.or.jp/common/pdf/publication/iatss-review/30-2-06.pdf〉（最終アクセス日：2020年9月5日）

注7　ポートランド市ウェブサイト「City of Portland Public Involvement Principles」〈https://www.portlandoregon.gov/civic/article/312804〉（最終アクセス：2020年11月8日）

注8　JALOGOMA プログラム・ウェブサイト〈https://sites.google.com/view/jalogoma-psu/home〉（最終アクセス：2021年11月3日）から転載

注9　本稿は、筆者が参加した2020年度 JaLoGoMa プログラムの研修資料を基に作成している

■参考文献

1.　西芝雅美（2017）「米国オレゴン州ポートランドに見る『話し合い』と住民自治：全米で最も住み易い街と言われる理由」『市民参加の話し合いを考える』村田和代 編著、pp.199〜220所収、ひつじ書房

2.　西芝雅美（2020）「第1章 SDGs から見たポートランド」『人がまちを育てる ポートランドと日本の地域』川勝健志 編著、pp.12〜28、公人の友社

3.　札幌市ウェブサイト「ふれあい」〈https://www.city.sapporo.jp/kokusai/sistercity/portland_3.html〉（最終アクセス日：2020年9月5日）

4.　City of Portland Website "Charter Commission"〈https://www.portland.gov/omf/charter-review-commission〉（最終アクセス日：2020年11月5日）

これからの
SDGs×公民連携を
加速させる
7つのキーワード

3 章

これからの
SDGs×公民連携を
加速させる
7つのキーワード

エイジング・ソサエティ
── 健やかな住民生活をどう維持するか

1 「自分ごと」として捉えられる最も身近な目標

■多岐にわたる問題に関係する健康と福祉

　SDGs のゴール 3「すべての人に健康と福祉を」（図 1）には、13 のターゲットが設定されています。その中には、妊産婦、及び新生児死亡率の削減や、交通事故による死傷者の半減、大気等の汚染による死亡・疾病の件数を大幅に減らすことなど、その範囲は多岐にわたります。

　目標を取り巻く状況について、例えばターゲット 3.2（新生児・5 歳未満児の予防可能な死亡の根絶）の進捗を測る指標の 1 つである「新生児の死亡する割合」を見てみましょう。世界で最も高いのは、パキスタンの 22 人に 1 人です。これに対し、日本は世界最低で 1,111 人に 1 人と、大きな開きがあります[注1]。世界で最も安全に新生児が生まれ、高い医療水準を誇る日本において、一体どのような課題と向き合う必要があるのでしょうか

■進む高齢化と 2025 年問題

　日本が直面する課題の 1 つが高齢化です（図 2）。2016 年に日本政府が発表した SDGs 実施指針において、SDGs の多岐にわたるゴール・ターゲットのうち、日本が注力すべきものを示した 8 つの優先課題の中に「健

図 1　SDGs のゴール 3「すべての人に健康と福祉を」
（出典：国連広報センター[注2]）

康・長寿の達成」が設定されています。

　世界有数の長寿国である日本の平均寿命は、女性が 87.7 歳、男性が 81.6 歳です[注3]。一方で、少子化が進み、日本の総人口 1 億 2,571 万人のうち、65 歳以上人口は 3,619 万人と、高齢化率は 28.8%に達しています[注4]。そのため、地域コミュニティの運営や地場産業を担う後継者の不足も深刻です。

　また、少子高齢化に伴う社会保障費の増大は、現役世代に大きな負担をもたらします。1947 〜 49 年に生まれた団塊の世代が、2025 年に 75 歳以上の後期高齢者になることで、社会保障費の負担が増加し、介護人材の不足などが顕著に現れる「2025 年問題」に対する不安もメディアで報じられています。

　2030 年を達成期限としながら、その先も見据えた長期的な時間軸で考える SDGs の視点からも、未来世代への負担を残さないために、対応策と解決策を並行して考える必要があります。

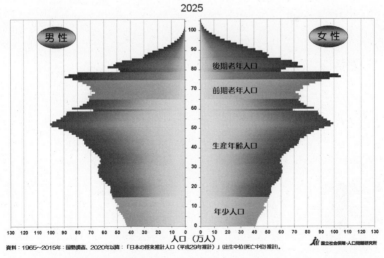

図2　2025 年における日本の人口ピラミッド（出典：国立社会保障・人口問題研究所[注5]）

2 ソーシャル・インパクト・ボンド（SIB）の活用

■自由度の高い介護予防プログラムの実施

　こうした社会状況に対応しようとする官民連携事業の例として、愛知県豊田市が介護予防を推進しようと 2021 年 7 月から実施している「ずっと元気！プロジェクト」をご紹介します。

　愛知県内で第 2 位の人口を抱える豊田市は、全市約 42 万人のうち 65 歳以上の人口が約 10 万人を占め、高齢化率は 23.8％に達します。このプロジェクトがスタートした背景には、こうした高齢化の進展に加え、新型コロナウイルスの感染拡大による高齢者の運動・社会参加の機会減少がありました。市は現状を分析する中で、市内で増加する高齢者の介護リスクに対して早急な取り組みが必要だと考えたのです。

　「ずっと元気！プロジェクト」では、趣味や運動の機会の提供を通じて高齢者の社会参加を促し、社会活動量を増加させることで、介護リスクの低減を図ろうとしています。例えば、音楽教室が実施するプログラム「いきいき大人のピアノ」や、室内で小型ドローンを操縦するプログラム「スマホで操縦！ドローンで交流」、ビデオ会議システムを活用した「Zoom を使用して交流！豊田市オンラインコミュニティ」など、民間企業・団体による多種多様なメニューが提供されています。

■行政コストを削減する SIB の仕組み

　豊田市未来都市推進課の中神泰次課長は「従来こうした独創性の高い介護予防事業は、行政が予算を確保するのは難しく、実施が難しい事情がありました。そこで、市はソーシャル・インパクト・ボンド（以下、SIB）の仕組みを活用して、民間事業者と協力することにしました」と語ります。

　SIB とは、民間資金を活用し、官民連携で社会課題解決に向けた事業を

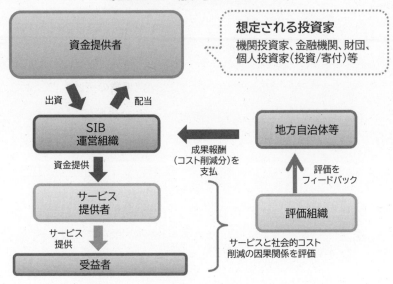

〈SIBの一般的なスキーム〉

想定される投資家
機関投資家、金融機関、財団、
個人投資家(投資/寄付)等

資金提供者

出資　配当

SIB
運営組織

資金提供

サービス
提供者

サービス
提供

受益者

成果報酬
(コスト削減分)を
支払

地方自治体等

評価を
フィードバック

評価組織

サービスと社会的コスト
削減の因果関係を評価

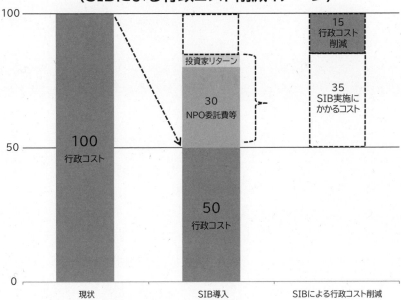

〈SIBによる行政コスト削減イメージ〉

図3　行政コストの削減を図る SIB のスキーム[注6]

実施することで、本来必要だった行政コストを削減できる仕組みです（図3）。

　まずSIBを運営する組織は、投資家や金融機関等の資金提供者から出資を募り、その資金で社会課題解決に向けたサービスを提供する事業者等に資金を提供します。

　次に、事業者等が提供したサービスによって、受益者である住民等に変化が及ぼされ、社会的コストが削減されたかどうか、その因果関係は大学や監査法人などの評価組織が調査・評価し、結果を自治体にフィードバックします。

　そして自治体は、このフィードバックを参考に、社会的コストが実際に削減された部分について、成果報酬を後からSIB運営組織に支払う仕組みになっています。

　このように、特定の社会課題解決を目指す事業においてSIBを活用することで、委託費や投資家へのリターンなど、SIB実施にかかるコストを除いた部分の行政コストを削減することができます。

■企業版ふるさと納税を活用した資金調達

　「ずっと元気！プロジェクト」における豊田市の当初の想定は、事業費として最大5億円の財源を用意すれば、市内で暮らす高齢者の健康寿命の伸びにより、介護費が約10億円削減できる、というものでした。

　しかし、介護に係る保険給付金は、市民が納める保険料のほか、国・県・市それぞれによる公費負担で構成されています。この点を踏まえると、5億円の拠出に対して削減額が約10億円程度では、負担に見合った効果が得られないと見込まれたのです。

　そこで豊田市は、「企業版ふるさと納税」制度を活用することで、三菱UFJ銀行など数社から5億円の寄附を得て、SIBの財源とすることに成功しています。企業版ふるさと納税では、寄附金額を損金算入できるため、企業にとって節税効果があります。

■事業マネジメントを任せることによる業務効率化

　財源を確保できた豊田市は、SIB の運営組織である合同会社 Next Rise ソーシャルインパクト推進機構に「ずっと元気！プロジェクト」で提供されるメニューを実施する民間事業者の取りまとめを委託しています（図 4）。

　行政がすべてを抱えるのではなく、運営会社が事業のマネジメントを行う SIB の仕組みを採用することで、民間事業者の提案に対して、スピード感のある対応ができるほか、市の担当者の業務負担も軽減できます。また、様々なプログラムを提供する民間事業者にとっても、介護予防に向けて、自由度の高いアイデアを提案しやすくなることは利点と言えるでしょう。

　豊田市は、住民が健康を維持し、活発な社会活動を続けることができる環境を整備することで、今後も進む高齢化に先手を打って対応しています。

　今回ご紹介した高齢化に限らず、SDGs のゴールやターゲットを切り口に、今後起こりうる課題についても、視野を広げて検討をしてみてはいかがでしょうか。

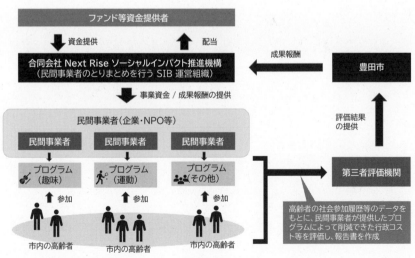

図 4　「ずっと元気！プロジェクト」の事業スキーム注7

■注釈

注 1　UNICEF（2018）"Every Child Alive The urgent need to end newborn deaths"〈https://www.unicef.org/reports/every-child-alive〉

注2　国連広報センターウェブサイト〈https://www.unic.or.jp/activities/economic_social_development/sustainable_development/2030agenda/sdgs_logo/sdgs_icon_black_and_white/〉（最終アクセス：2021 年 4 月 10 日）

注 3　厚生労働省ウェブサイト「令和 2 年簡易生命表の概況・3 平均寿命の国際比較」〈https://www.mhlw.go.jp/toukei/saikin/hw/life/life20/dl/life18-04.pdf〉（最終アクセス：2021 年 10 月 9 日）

注 4　厚生労働省「令和 3 年版高齢社会白書（概要版）第 1 節　高齢化の状況」〈https://www8.cao.go.jp/kourei/whitepaper/w-2021/gaiyou/pdf/1s1s.pdf〉（最終アクセス：2021 年 10 月 9 日）

注 5　国立社会保障・人口問題研究所ウェブサイト「人口ピラミッドの推移」〈http://www.ipss.go.jp/〉（最終アクセス：2021 年 10 月 21 日）

注 6　経済産業省 商務・サービスグループヘルスケア産業課「ヘルスケア領域におけるソーシャル・インパクト・ボンドの普及に向けて / ソーシャル・インパクト・ボンド（SIB）とは」〈https://www.meti.go.jp/policy/mono_info_service/healthcare/01_meti.pdf〉（最終アクセス：2021 年 10 月 23 日）

注 7　豊田市へのヒアリングをもとに筆者作成

■参考文献

1. 日経 BP 総合研究所 Beyond Health「豊田市の『ずっと元気！プロジェクト』が、他と少し違うワケ 企業版ふるさと納税とのあわせ技で課題をクリア」〈https://project.nikkeibp.co.jp/behealth/atcl/feature/00003/101300246/?P=1〉（最終アクセス：2021 年 10 月 23 日）

ジェンダーギャップ
――先進諸国との深刻な差

1 求められるジェンダー平等の実現

■ジェンダーが形成する社会規範

　ジェンダー（gender）とは、「生物学的な性別（sex）に対して、社会的・文化的につくられる性別[注1]」を指す言葉です。「男性らしさ」もしくは「女性らしさ」といった言葉で固定化された役割が与えられてしまう場面は、私たちの身近に存在しています。

　例えば、子どもの頃に「男なんだから、泣くんじゃない」と叱られたり、成人してからも「男だから、妻子を養わなければならない」「男だから、昇進しなければならない」といったプレッシャーを感じてきたりした男性は少なくないのではないでしょうか。

　同じように女性も、女性であることを理由に、機会が平等に得られない場面を経験しています。後述するように、組織で不利な待遇を受けたり、男性に比べて家事や介護に費やす時間が長かったりする傾向にあることも知られています。

　自治体職員の職務配分でも、男性がキャリアの中で企画調整や施設管理など多様な業務を経験するのに対して、女性の担当は窓口業務や庶務に偏っていることはないでしょうか。こうした偏りは無意識のうちに行われてしまい、問題として認識されていない場合もあるように思います。

■日本のSDGs達成状況の中でも優先課題の1つに

　「持続可能な開発のためのソリューションネットワーク」（SDSN）等が発表した2021年におけるSDGsの達成度ランキングで、日本は調査対象

図1　SDGsのゴール5「ジェンダー平等を実現しよう」
（出典：国連広報センター^{注2}）

　の165カ国中18位に位置しています。しかし、すべてのゴールの達成度が等しく18番目というわけではありません。そして、達成に向けた取り組みに課題があると評価されているゴールの1つが、ゴール5「ジェンダー平等を実現しよう」なのです（図1）。

　この課題への対応は、SDGsに関する政府の指針にも明確に反映されています。内閣総理大臣を本部長、すべての閣僚を構成員とする「SDGs推進本部」が2019年12月に発表した「SDGs実施指針改定版」では、8つの優先課題の中に「ジェンダー平等の実現」という文言が追加されました。また2021年7月の自発的国家レビュー（VNR）^{注3}でも、「生理の貧困」や女性の自殺率増加といった、ジェンダーギャップの深刻化に言及されています。

■世界で「120位」と評価される日本の男女格差

　世界の経済人などが集まる「ダボス会議」を開くことでも知られる国際機関「世界経済フォーラム」が、「経済」「教育」「医療」「政治」の4つの分野において実施した分析に基づき、毎年発表している「ジェンダーギャップ指数」の結果（2021年）をもとに、日本の男女格差の状況を世界と比較してみましょう。

　これによると、調査対象となった156カ国中、日本は120位に位置しており、特に「政治」と「経済」の分野で達成度が低く評価されています（図2）。全体順位で、日本の前後に位置するのは、アフリカの途上国であるアンゴラ（119位）とシオラレオネ（121位）で、ドイツ（11位）やフ

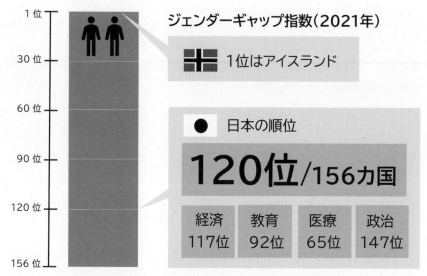

ジェンダーギャップ指数（2021年）

1位はアイスランド

日本の順位

120位/156カ国

経済	教育	医療	政治
117位	92位	65位	147位

図2　日本のジェンダーギャップ指数は世界の中でも下位に位置している[注4]

ランス（16位）、イギリス（23位）、アメリカ（30位）といった先進諸国とは大きな開きがあります。

■格差の可視化に必要なデータの細分化

　政府が発表している日本のSDGグローバル指標のデータ[注5]でも、こうした状況を読み取ることができます。例えば、SDGsのターゲット5.5で掲げられた「政治、経済、公共分野でのあらゆるレベルの意思決定において、完全かつ効果的な女性の参画及び平等なリーダーシップの機会を確保する」の進捗を測る指標を見てみましょう。

　まず政治分野では、衆議院議員に占める女性議員の割合が9.9%、地方議会議員の総議員数に占める女性議員の割合が14.5%（いずれも2020年）となっています。また経済分野でも、管理的職業従事者[注6]に占める女性の割合は13.3%（2020年）にとどまっています。いずれの分野においても、男女格差の大きさが見て取れます。さらに、ターゲット5.4（無報

酬の育児・介護や家事労働を認識・評価する）の指標を見ても、「男性と女性による無給の家事及び介護労働に1日に費やされた時間の割合[注7]」は、女性の15.1％に対し、男性は3.1％と、大きな開きがあります（2016年）。

　このように、ジェンダーギャップを可視化するためには、性別や年齢などによって細分化されたデータの分析が重要です。前述の「SDGs実施指針改定版」でも、「SDGsの実施において可能な限り男女別データを把握する」ことが必要だとされています。

2 まちを持続可能にするジェンダーギャップ解消

■ジェンダーギャップと人口減少の関係

　ジェンダーギャップの解消を、まちの持続可能性を高めるための鍵になる課題として捉えている自治体もあります。

　兵庫県豊岡市は、まちの人口が減少する最大の要因となっている若者の社会減を改善すべく、「若者回復率」という独自の指標を定義しています。これは、10代の転出超過人数に対する、20代の転入超過人数の占める割合を表すものです。例えば、進学などを理由に市から転出した10代が100人で、就職などのために市に転入してきた20代が60人だったとしたら、若者回復率は60％です。

　2017年になって、2015年の国勢調査結果に基づく若者回復率が判明し、豊岡市は、男性の52.2％に対して女性が26.7％と、大きな開きがあることに気づきました。その要因を次のように分析しています[注8]。

①豊岡市が男性中心の社会であって、社会的、経済的分野において女性が専ら補助的な役割を担ってきたこと

②近年、大都市・大企業等において、女性の採用や定着率向上、ダイバーシティの取り組みが進んだこと

③ジェンダーギャップの解消が進む世界の状況がよりはっきり見えてきた
　ことなどによって、「豊岡に暮らす価値」の相対的低下が進んだこと

　すなわち、若者が帰ってこない要因として、希望する職種の就職先が地
元にないことだけでなく、性別による無意識の役割分業意識やそれに基づ
いた慣行のために女性が暮らしたいと思えるまちではなくなっていること
があると捉えたのです。

　豊岡市ジェンダーギャップ対策室長の上田篤さんは「豊岡市は、ジェン
ダーギャップによって、この地域の人口減少の加速、社会的な損失、経済
的な損失が生み出されていると分析しています。そもそも同じ社会の構成
員としてアンフェアです。そのため、男女共同参画や女性活躍などのテー
マで取り組みを進めるのではなく、そのテーマの前に大きく立ちはだかる
ジェンダーギャップを直視して、根底から変えていくことが必要だと考え
ています」と力を込めます（図3）。

図3　「未来の世代のために、現在の社会のシステムやルールが適切かどうか、行政だ
けでなく豊岡のまち全体で考えている」と話す上田篤さん（写真右端）と、豊岡市ジェ
ンダーギャップ対策室のみなさん（提供：豊岡市）

■女性に選ばれるまちを目指した戦略策定

　ジェンダーギャップの解消に向けて、豊岡市は 2018 年から「ワークイノベーション」（働きがいと働きやすさの向上）を推進しています。同年 10 月に設置された民間主導の「豊岡市ワークイノベーション推進会議」（以下、推進会議）には、市内 16 事業所の 1 つとして市役所も参画しました（2021 年 10 月現在で 58 事業所に拡大）。

　推進会議は、女性が働きやすく、働きがいのある職場を増やすことを通じて、まち全体のジェンダーギャップを解消するために、経営者が自社の状況を見つめ直す機会を設けるなどの取り組みを行っています。市内で男性育休取得促進や 1 時間単位での有給の育児目的休暇の取得を認めている事業者の事例などを参考に、多様な働き方が実現できるように公民連携で改善を続けているのです。

　さらに 2021 年 3 月には、同年から 2030 年までの 10 年間を対象期間とした「豊岡市ジェンダーギャップ解消戦略」（以下、戦略）を策定しました。戦略には、2020 年に実施された高校生・20 代向けワークショップで寄せられた意見をもとにジェンダーギャップが解消された豊岡市の姿がビジョンとして示され、その実現に向けた主要な手段と達成度を測る指標、そして各担当課の事業が整理されています。

■すべての人が参加しやすい環境整備に向けたアクション

　戦略の策定に関わった「ジェンダーギャップ解消戦略会議」では、傍聴者向けの一時保育や周辺市町への PR など傍聴しやすい環境づくりに努めました。市では市主催の会議、行事、健康診断などの実施にあたっては一時保育を実施し、子育て世代が参加しやすいよう配慮を行っています。子育てや介護などの理由によって参加することができない人に配慮し、できる限りすべての人が参加しやすい環境を整えることは、行政にとって必要なアクションと言えます。こうした視点は、戦略の中で示された具体的な

手段に「ハローワークと連携した女性の就職相談会（一時保育あり）」とあるように、必要な配慮であることが示されています。

　ほかにも、市内事業者向けに市が開催するセミナーでは、無意識の偏見で性別に基づいた役割分担を押し付けていないか再考する機会を経営者に向けて提供したり、女性従業員向けのリーダーシッププログラムを整備し、女性従業員が他社・他団体との横のつながりを構築できるような機会を提供したりしています。

　2021 年 7 月から 8 月にかけて、市内全域を対象に、性別による役割分担の実態や意識を調査し、同年 11 月にその結果を発表するなど、現状を可視化することも市は行っています。

　このように豊岡市は、持続可能なまちを実現するためには、ジェンダーギャップの解消が不可欠だと捉え、行政と事業者が連携して行動を起こしています。日本の課題とされるジェンダー平等の実現に向けて、全国の自治体が取り組めることも、まだまだ多く残されているのではないでしょうか。その際に、豊岡市の視点や取り組みはきっと参考になるはずです。

■注釈

注1　独立行政法人国際協力機構（JICA）ウェブサイト「＼男女差別をなくしていこう／『ジェンダー』の意味、解説します！」〈https://www.jica.go.jp/nantokashinakya/sekatopix/article004/index.html〉（最終アクセス：2021 年 9 月 11 日）

注2　国連広報センターウェブサイト〈https://www.unic.or.jp/activities/economic_social_development/sustainable_development/2030agenda/sdgs_logo/sdgs_icon_black_and_white/〉（最終アクセス：2021 年 4 月 10 日）

注3　自発的国家レビューとは、毎年開催される閣僚級のハイレベル政治フォーラムで、SDGs が中核をなす「2030 アジェンダ」の取組状況について、希望する国が発表するもの。日本は 2017 年と 2021 年の 2 回実施

注4　World Economic Forum（2021）"Global Gender Gap Report 2021 INSIGHT REPORT"〈http://www3.weforum.org/docs/WEF_GGGR_2021.pdf〉（最終アクセス：2021 年 9 月 11 日）

注5　外務省ウェブサイト・JAPAN SDGs PLATFORM「SDG グローバル指標（SDG

Indicators）5: ジェンダー平等を実現しよう」〈https://www.mofa.go.jp/mofaj/gaiko/oda/sdgs/statistics/goal5.html〉（最終アクセス：2021 年 9 月 11 日）

注 6　管理的職業従事者とは、「事業経営方針の決定・経営方針に基づく執行計画の樹立・作業の監督・統制など、経営体の全般又は課（課相当を含む）以上の内部組織の経営・管理に従事するものをいう。国・地方公共団体の各機関の公選された公務員も含まれる」（外務省ウェブサイト・JAPAN SDGs PLATFORM「SDG グローバル指標（SDG Indicators)」で示された定義）

注 7　女性・男性ともに 15 歳以上を対象とした調査結果。基準年は 2018 年

注 8　豊岡市（2021）「豊岡市ジェンダーギャップ解消戦略」p.4

■参考文献

1. 首相官邸ウェブサイト「SDGs 実施指針改定版」〈https://www.kantei.go.jp/jp/singi/sdgs/pdf/jisshi_shishin_r011220.pdf〉（最終アクセス：2021 年 9 月 11 日）

2. World Economic Forum（2021）"Global Gender Gap Report 2021 INSIGHT REPORT"〈http://www3.weforum.org/docs/WEF_GGGR_2021.pdf〉（最終アクセス：2021 年 9 月 11 日）

3. 豊岡市（2021）「豊岡市ジェンダーギャップ解消戦略」

4. 豊岡市ウェブサイト「豊岡市ワークイノベーション推進会議」〈https://www.city.toyooka.lg.jp/shisei/chihososei/1007000/1008794/1006585.html〉（最終アクセス：2021 年 9 月 13 日）

キーワード**3** サーキュラーエコノミー
────直線的な経済から循環的な経済へ

1 私たちの生活と「ごみ」

■持続可能な生産・消費形態を目指す

　SDGs のゴール 12「つくる責任 つかう責任」は、"大量生産・大量消費・大量廃棄を前提とした社会のあり方ではなく、未来にわたって持続可能な生産・消費の形態とは一体何なのか"という問いを私たちに投げかけています。

　11 あるターゲットには、「天然資源の持続可能な管理・効率的な利用（12.2）」や「持続可能性に関する情報を企業の定期報告に盛り込む（12.6）」といった政府・企業が主な主体として想定される問題から、「食品ロスを減少させる（12.3）」「廃棄物を大幅に削減する（12.5）」といった生活に身近な話題まで、幅広い主体が取り組むべき課題が網羅されています。

■日本人 1 人が毎日排出しているごみは約 918 グラム

　環境省[注1] によると、2019 年における日本国内のごみ総排出量は 4,274 万トン（東京ドーム約 115 杯分）、1 人 1 日当たりのごみ排出量は 918 グラムに達します（図1）。生活系ごみの有料回収を行う自治体も多く、粗大ごみを含めれば、全国で 8 割を超える自治体がごみ収集手数料の有料化を行っています。一般廃棄物の最終処分場は全国に 1,620 施設ありますが、その残余年数は全国平均で 21.4 年と発表されており[注1]、ごみの発生量を削減することは、持続可能な社会の実現に必要な要素です。

図1 一般廃棄物の排出量の推移 （出典：環境省[注1] を参考に筆者作成）

2 循環型の経済モデル「サーキュラー・エコノミー」

■廃棄を前提にした直線的な経済モデルからの転換

　こうした課題を解決する上で注目されているキーワードの1つが、「循環型経済（サーキュラー・エコノミー）」です。

　サーキュラー・エコノミーとは、「新規事業立案や製品設計、デザインの段階から、リニア・エコノミーの『捨てる（dispose）』フェーズをなくし、代わりにすべての資源を使用し続ける仕組みを構築する、循環型の経済モデル[注2]」を指します。

　これに対して従来の経済モデルは「リニア・エコノミー」と呼ばれています。原材料から製品を製造し、消費が使用した後に廃棄される一直線の経済モデルが前提とされたものです（図2・左）。また、使用した製品を再利用する「リサイクル（Recycle）」や、同じ製品を何度も使用する「リユース（Reuse）」も、企画・設計段階ではいずれも最終的には廃棄する

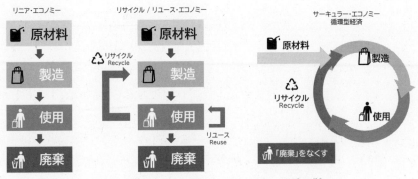

図２　リニア・エコノミー等とサーキュラー・エコノミーの違い[注3]

ことを前提として製品が検討されています（図２・中央）。

　サーキュラー・エコノミーでは、製品の企画・設計段階で、「最終的に廃棄する」から「廃棄せずに使い続ける」へと前提条件をシフトします。原材料から製品を製造し、消費者が使用した後に、再び原材料として製品を製造する際に活用するという循環型のサイクルを延々と繰り返すことで、「廃棄」という段階をなくしてしまうのです（図２・右）。

　これまで行政は、リサイクルやリユース、そして製品の使用量を削減する「リデュース（Reduce）」の「3R」を掲げ、その実行を推進する環境政策を立案してきました。しかし、廃棄物を大幅に削減するために、そもそも「廃棄する」という前提を転換する視点からの政策づくりが求められています。

■ビジネスの成長と両立するメリット

　ごみの発生量を削減し、環境負荷を減らすことは自治体が抱える課題の１つですが、その解決に向けて、企業や住民との連携は必要不可欠です。

　２章で紹介した鹿児島県大崎町や徳島県上勝町のように、住民の協力がなければ、徹底した分別回収を行い、ごみの総量を削減することはできません。また、企業が製品の企画・デザインの段階で、サーキュラー・エコ

ノミーを意識した「廃棄をしない」ビジネスモデルを検討することで、廃棄の発生量を削減することができます。こうした環境への配慮は、ESG投資の面から企業が事業活動で意識すべき要件の1つと言えます。

　また、サーキュラー・エコノミーの原則を採用することによる経済面の効果も報告されています。例えば欧州（EU）にもたらす「利益の総額は2030年までに1.8兆ユーロに相当し、現在の発展による利益の2倍にあたる[注4]」と予測されています。先進地とも言える欧州諸国と国際的な取引を行う企業はもちろん、そのサプライチェーンに含まれる企業にもこうした前提の転換が求められています。

　自治体の担当者においても、循環型の経済活動への注目を踏まえた産業政策を立案していくことが必要になりそうです。また、サーキュラー・エコノミーを実現する上では、日本が培ってきた高度なものづくりの技術や、修理等の需要をビジネスチャンスとして捉えられる可能性もあるでしょう。

■具体的な達成時限を定めたアムステルダム市の「2050 Plan」

　サーキュラー・エコノミーの最先端をゆくオランダのアムステルダム市は、2050年までに「循環都市（circular city）」へ移行することを目指

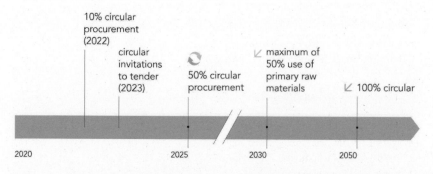

Important medium and long-term circular milestones for Amsterdam.

図3　アムステルダム市の循環戦略のように具体的な数値で未来の姿を示すことで、その達成に向けた具体的な道筋をイメージすることができる（出典：アムステルダム市ウェブサイト[注5]）

しており、環境だけでなく、経済やアムステルダム市民にとってもメリットのあるものであるとしています。

　サーキュラー・エコノミーの推進に向け、アムステルダム市はまず2015年に「2050年計画（2050 Plan）」と題する長期計画を発表。そして2020年に「アムステルダム市循環戦略 2020-2025（Amsterdam Circular Strategy 2020-2025）」を策定し、具体的にサーキュラー・エコノミーへの移行を進めています。

　この戦略で示されている具体的なロードマップには、例えば「2022年までに市の調達の10%を循環型にする」といった達成年限を伴った具体的な数値目標も提示されています（図3）。

■注釈

注1　環境省「一般廃棄物処理事業実態調査の結果（令和元年度）について」〈http://www.env.go.jp/press/files/jp/115966.pdf〉（最終アクセス：2021年8月14日）

注2　安居昭博（2021）『サーキュラーエコノミー実践　オランダに探るビジネスモデル』p.32より引用

注3　安居昭博（2021）『サーキュラーエコノミー実践　オランダに探るビジネスモデル』図1-3（p.34）を参考に筆者作成

注4　日本貿易振興機構(ジェトロ)貿易制度課(2016)「EUのサーキュラー・エコノミーに関する調査報告書」〈https://www.jetro.go.jp/ext_images/_Reports/02/2016/01cc0dd1eb518393/eu201612rp.pdf〉（最終アクセス：2021年8月14日）

注5　City of Amsterdam "Amsterdam Circular 2020-2025 Strategy Public version" p.7の図を引用

■参考文献

1. 安居昭博（2021）『サーキュラーエコノミー実践　オランダに探るビジネスモデル』pp.30～64、学芸出版社
2. City of Amsterdam "Amsterdam Circular 2020-2025 Strategy Public version"〈https://www.amsterdam.nl/en/policy/sustainability/circular-economy/〉（最終アクセス：2021年8月14日）

生物多様性
——地球の限界の視点から地域を考える

1 人間活動による地球への影響の増大

■人間が地球に影響を与える「人類世」

　私たち人類が生きる時代は、地質時代の区分で「新生代」と呼ばれます。約6,600万年前から始まったとされる新生代をさらに細かく分類すると、人類が生きる時代は、1万1,700年前から続く「完新世」に属します。

　しかし近年、人類が地球に大きな影響を与えている時代を「人類世（人新世）」として新たに区分しようという議論が行われています。これは、特に1950年頃を境に、急激な人口増加や経済成長など人類の社会経済的な動向が地球環境システムに与える影響を増大させていること（通称「Great Acceleration（大加速）」）を踏まえたものです。

■地球の限界を示す「プラネタリー・バウンダリー」

　こうした中で注目されているのが、環境負荷が地球に与える影響を分析し、その"境界"を示した「プラネタリー・バウンダリー」という概念です。スウェーデンの環境学者であるヨハン・ロックストローム博士を中心に提唱されています。これは図1のように「新規化学物質による汚染」「淡水利用」など9つの指標を用いて地球の限界を可視化しようとするものです。図中央の点線が地球の限界を示しますが、すでに「気候変動」「生物圏の一体性」「土地利用の変化」のほか、窒素やリンによる「生物地球化学的循環」については、人間が安全に活動できる境界を越えるレベルに達していることが指摘されているのです。

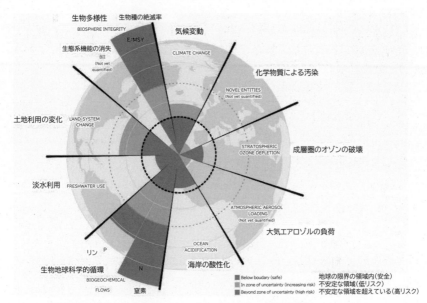

図1　地球の境界を示すプラネタリー・バウンダリーの概念図[注1]

■基礎自治体で遅れる生物多様性地域戦略の策定

　そもそも、生物多様性には「生態系の多様性」「種の多様性」「遺伝子の多様性」の3つのレベルがあります（図2）。これらが複雑に関係しあって、地球上の生物が存在しています。例えば、地域に侵略的外来種が侵入することで、生物多様性に大きな影響を与えることが懸念されます。

　「生物圏の一体性」では、生物種の絶滅の速度なども含まれます。日本国内どのくらいの生物が絶滅の危機に瀕しているのでしょうか。絶滅のおそれがある野生生物の種をまとめ、環境省が2020年に公表した「レッドリ

生態系の多様性	干潟、森林、河川など、いろいろなタイプの生態系がそれぞれの地域に存在していること
種の多様性	いろいろな動物・植物や菌類、バクテリアなどが生息・生育しているということ
遺伝子の多様性	同じ種であっても、個体や個体群の間に遺伝子レベルでは違いがあること

図2　ひと口に生物多様性といっても、そのレベルは3つに分けられる[注2]

図3　SDGs のゴール15「陸の豊かさも守ろう」
（出典：国連広報センター[注3]）

スト2020」によると、絶滅危惧種に分類された動植物は 3,716 種に及び、身近な生き物では「メダカ」も掲載されています[注4]。

　SDGs のゴール15 では、陸域生態系の保護・回復や、持続可能な森林経営の促進、砂漠化への対処、そして生物多様性の損失を阻止することなどがターゲットで示されています（図3）。

　このうちターゲット 15.9 は「2020 年までに、生態系と生物多様性の価値を、国や地方の計画策定、開発プロセス及び貧困削減のための戦略及び会計に組み込む」と設定されています。「地方創生 SDGs ローカル指標」を確認すると、「生物多様性地域戦略の策定有無」が指標に設定されており、2021 年3 月末時点ですべての都道府県が生物多様性地域戦略を策定しているものの、基礎自治体は 113 市区町村にとどまります[注5]。

2 "生物文化多様性"の保全に向けた研究機関との連携

■地域の特徴を踏まえた独自の生物多様性戦略の策定

　石川県金沢市は市内に所在する研究機関と積極的に連携しながら、地域の特徴を活かした「金沢版生物多様性戦略」を 2015 年度に策定しています。その過程で、市内に所在する国際研究機関である「国連大学サステイナビリティ高等研究所いしかわ・かなざわオペレーティング・ユニット」（以下、OUIK）は、戦略策定委員会のメンバーとして連携しています。

　OUIK は、2008 年に石川県及び金沢市と国連が共同で設置した国際機

関で、特に生物多様性の保全や、生態系の科学的な評価に向けて重要な役割を果たしており、その知見は金沢市の戦略策定にも活用されています。

OUIK 事務局長の永井三岐子さんは、連携による成果を「金沢という土地は、自然を慈しみ、『生態系サービス[注6]』と呼ばれる自然の恵みを、文化や景観に利用してきました。OUIK では、そういった精神性を含めた工芸などの地域文化と自然の関わりを『生物文化多様性』と定義し、2016 年に策定された金沢市の生物多様性地域戦略に取り入れられました」と語ります。

永井さんが話すように、海と山を市域に抱える金沢市の豊かな生物多様性は、同時に伝統文化も育んできました（図 4）。例えば、加賀友禅の図柄には植物や鳥などが描かれ、染色後に川の流水で余分な糊などを洗い流す「友禅流し」などの技法は、金沢の自然環境によって発展した文化です[注6]。

一方で、金沢市も里山の荒廃によって野生動物が人の生活圏に侵入し、農業被害が発生したり、外来種による生態系への影響が危惧されたりと、生物多様性に対する危機にも瀕しています。そこで、金沢市は 2050 年のあるべき姿として「水と緑に育まれたすべての生命が光り輝くまち」を設

図 4　金沢城公園周辺を流れる用水路の様子

定し、その実現に向けた事業や数値目標を設定しています。

■生物多様性と文化多様性の包括的な保全

　こうした生物多様性の保全に向けた自治体の政策の中に、一見すると異分野に感じられる文化が言及されていることは特徴的です。永井さんによれば、この戦略はSDGsの特徴を活用したさらなる発展が検討されているそうです。

「金沢市の生物多様性地域戦略（図5）は、今年度、見直し作業が進んでいます。改訂版では、自然と文化の両面に着目した"生物文化多様性"という複合的なアプローチにSDGsの視点を取り入れ、文化、自然、経済、教育といったさらに統合的な手法で生物多様性がもたらす恵みを利活用していくことが計画されています。SDGsの各ゴールは根っこでつながっているので、他のゴールの達成に向けた行動と組み合わせることで、一石二鳥、三鳥と言えるようなアプローチが可能になります。」

　SDGsの特徴の1つである「インターリンケージ」は、一見遠く感じら

図5　金沢版生物多様性戦略の表紙には、金沢の自然環境が反映された加賀友禅がデザインに用いられている[注7]

れる分野同士に橋を渡すように現状を分析できる手がかりとなるものです。生物多様性の保全が地域の伝統文化と深く関係しているという考え方を取り入れた金沢市のように、地域を維持していくために、俯瞰的な視座から生物多様性を捉え直してみてはいかがでしょうか。

■注釈

注1　Stockholm Resilience Centre「Planetary boundaries」〈https://www.stockholmresilience.org/research/planetary-boundaries.html〉、蟹江憲史 編著（2017）「持続可能な開発目標とは何か」pp.57 〜 63 及び「キーワードから考える、私たちの地球のこと。」『ソトコト』2021 年 9 月号 p.22 を参考に著者作成

注2　環境省「生物多様性国家戦略 2012-2020」〈https://www.biodic.go.jp/biodiversity/about/initiatives/index.html〉（最終アクセス：2021 年 10 月 27 日）をもとに筆者作成

注3　国連広報センターウェブサイト〈https://www.unic.or.jp/activities/economic_social_development/sustainable_development/2030agenda/sdgs_logo/sdgs_icon_black_and_white/〉（最終アクセス：2021 年 4 月 10 日）

注4　環境省「環境省レッドリスト 2020 掲載種数表」〈http://www.env.go.jp/press/113666.pdf〉（最終アクセス：2021 年 10 月 17 日）

注5　環境省「生物多様性地域戦略のレビュー」〈https://www.env.go.jp/nature/biodic/lbsap/review.html〉（最終アクセス：2021 年 10 月 27 日）

注6　生態系サービスとは、「人間が生態系から得られる恵み」を指す（出典：竹本和彦 編（2021）『環境政策論講義』p.154、東京大学出版会）

注7　金沢市（2016）「金沢版生物多様性戦略」

■参考文献

1. 竹本和彦 編（2021）『環境政策論講義』pp.153 〜 172、東京大学出版会

ローカル指標
——まちの状況を的確に捉える

1 施策の進捗を把握する指標の必要性

■データ収集・モニタリングと説明責任

SDGs のゴール 17「パートナーシップで目標を達成しよう」は、縦割りに議論されがちな経済・社会・環境の 3 つの側面を統合的に捉えたり、企業、行政、市民社会といった異なる主体がともに議論して解決策を検討したりすることの重要性を私たちに教えてくれる大切な視点です。

このゴールには 19 のターゲットが設定されていますが、その中で「測る」という SDGs の重要な仕組みについても明記されています[注1]。

例えば、データの入手可能性を向上させること（17.18）や、持続可能な開発の進捗状況を測る GDP 以外の尺度を開発すること（17.19）など、目標値との差異を埋めるための政策を立案するためにも、SDGs の進捗を計測する指標の整備は必要不可欠です。

■日本が公開しているグローバル指標のデータは約 6 割

SDGs の 169 あるターゲットの進捗を測る指標は、そのすべてが日本の状況について測定され、政府から公表されているわけではありません。

例えば、そもそも開発途上国の状況を念頭に定められているため、算出しても日本におけるターゲットの進捗を測定するには適切に機能しない指標や、現在は提供できるデータがない指標もあります。

日本の SDGs の指標については、総務省[注2]からデータが公表されていますが、247 ある指標のうち 145 の指標データ（2021 年 12 月時点）が公開されています（図 1）。

SDGs のゴール	1 貧困をなくそう	2 飢餓をゼロに	3 すべての人に健康と福祉を	4 質の高い教育をみんなに	5 ジェンダー平等を実現しよう	6 安全な水とトイレを世界中に	7 エネルギーをみんなにそしてクリーンに	8 働きがいも経済成長も	9 産業と技術革新の基盤をつくろう
グローバル指標の数	13	14	28	12	14	11	6	17	12
総務省が公開しているグローバル指標の数	6	8	22	7	9	5	5	12	8

SDGs のゴール	10 人や国の不平等をなくそう	11 住み続けられるまちづくりを	12 つくる責任つかう責任	13 気候変動に具体的な対策を	14 海の豊かさを守ろう	15 陸の豊かさも守ろう	16 平和と公正をすべての人に	17 パートナーシップで目標を達成しよう	合計
グローバル指標の数	14	14	13	8	10	14	23	24	247
総務省が公開しているグローバル指標の数	8	6	6	5	5	10	13	10	145

図1　公表されている指標データの内訳[注3]

　しかし、これらの指標は、あくまで国家を主体として設定されており、自治体におけるSDGsの進捗を計測するためには、自治体の実情に即して読み替えることが必要です。とはいえ、各自治体がSDGsに関する指標を個別に策定することには、大きな労力と時間が必要です。

2 「ローカル指標」の開発と整備

■「地方創生 SDGs ローカル指標」とは

　そこで、内閣府「自治体SDGs推進評価・調査検討会」は、「自治体SDGs推進のためのローカル指標検討ワーキンググループ」を設置し、「地方創生SDGsローカル指標」（以下、ローカル指標）を作成・公表しています。

　自治体でSDGsに関する指標を用いる際には、全国共通の指標と、各自治体の立場や状況に即した独自の指標を用いることが考えられます。

　前者を用いれば、ほかの自治体との比較が可能ですが、各自治体の優先したい分野が、必ずしも指標に含まれているわけではありません。後者を

ゴール1「貧困をなくそう」

SDGsのターゲット	SDGsの指標	ローカル指標
ターゲット 1.1 2030年までに、現在1日1.25ドル未満で生活する人々と定義されている極度の貧困をあらゆる場所で終わらせる。	指標1.1.1 国際的な貧困ラインを下回って生活している人口の割合(性別、年齢、雇用形態、地理的ロケーション(都市　/地方)別)	候補指標を継続検討中
ターゲット 1.2 2030年までに、各国定義によるあらゆる次元の貧困状態にある、全ての年齢の男性、女性、子供の割合を半減させる。	指標1.2.1 各国の貧困ラインを下回って生活している人口の割合(性別、年齢別)	年間収入階級別の世帯割合 (・100万円未満の世帯／普通世帯 　・200万円未満の世帯／普通世帯 　・300万円未満の世帯／普通世帯 　・400万円未満の世帯／普通世帯 　・500万円未満の世帯／普通世帯) ※市区町村の結果については、市、区及び人口1万5千人以上の町村を表章の対象としている。
		年間収入階級別の世帯割合の増減率 (世帯の年間収入が100万円未満の世帯数／5年前時点における世帯の年間収入が100万円未満の世帯数)／(世帯の年間収入が100万円未満の1世帯当たり人員／5年前時点における世帯の年間収入が100万円未満の1世帯当たり人員) ※市区町村の結果については、市、区及び人口1万5千人以上の町村を表章の対象としている。
	指標1.2.2 各国の定義に基づき、あらゆる次元で貧困ラインを下回って生活している男性、女性及び子供の割合(全年齢)	候補指標を継続検討中

図2　SDGsのターゲット1,1及び1.2に設定されたローカル指標[注4]

用いれば、地域課題を捉えた重点事業の進捗を計測し、目標値との差異を把握して、その差異を埋めるための施策を検討することができますが、全国の自治体と指標の達成度を比較することはできません。

　このように、いずれの指標も一長一短があるので、目的に応じて組み合わせて使用することが必要です。ローカル指標は、前者に当たるもので、省庁や都道府県による公開データをもとに算出できるため、多くの自治体が活用することで、自治体が相互に達成度や自分たちの位置づけを参照することが可能です(図2)。

■国連地域開発センターと自治体による指標の開発

　こうした内閣府による指標策定のほかにも、自治体が独自で指標を策定している事例や、複数の自治体や企業等が連携しながら指標の開発を行っている事例があります。

　例えば名古屋市にある国連地域開発センター(UNCRD)が中心となって運営している「自治体SDGsモニタリング研究会[注5]」は、名古屋市、豊

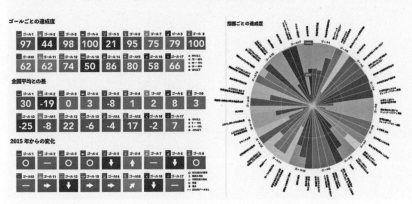

図3　愛知県豊田市でのケーススタディの結果　(提供：UNCRD)

田市、凸版印刷株式会社、ESRI ジャパン株式会社、大日本コンサルタント株式会社と連携して、自治体における SDGs の達成度を可視化するツールを開発しています。

　SDGs で設定された 169 のターゲットの中で、地域レベルで対応できるターゲットを選定し、56（市町村は 48）に集約した指標で各自治体の SDGs に関する達成状況を評価しており、評価結果はゴールごとの達成度（0%〜100%）で示されます（図3）。

■全国の自治体で活用可能なモニタリング指標

　自治体 SDGs モニタリング研究会は、実際に名古屋市と豊田市を対象にケーススタディを行い、その結果も掲載した「自治体 SDGs モニタリングの手引き」を発行しています。

　こうした手引きを発行したねらいについて、本プロジェクトを主導した UNCRD 研究員の浦川奈々さんは「自治体が、地域の強み・弱みを理解し、計画策定や施策検討を行う際に、本ツールが役に立つはずですので、全国の自治体に使って頂きたいです。また、自治体が本ツールを用いて、地域

図4　UNSRD の所長である遠藤和重さん（写真中央）、研究員の浦川奈々さん（同左）、泉川雅子さん（同右）

の現状を多様なステークホルダーに向けて共有することで、新たな連携や課題解決の取り組みにつながることを期待しています」と語ります。

　同じく研究員の泉川雅子さん（豊田市から出向中）は「オープンデータを活用しているため、自治体の達成度を客観的に把握でき、また経年比較も可能です。これまで啓発や認知度向上を中心に SDGs に取り組んできた自治体も、この指標を戦略的な施策展開に活かしていただきたいです」と続けます（図4）。

　自治体による独自の SDGs の指標の策定は、地域の実情を的確に反映したり、重点施策の進捗を把握したりする上で、多くのメリットがあります。一方で、SDGs に特化した指標を一から検討することについては、人手などの問題で取り組みづらい自治体も多くあるはずです。

　そこで、政府・国際機関や他の先進自治体における事例を参照し、積極的に活用することにより、SDGs に関する進捗の計測を進めやすくなるでしょう。

■注釈

注1　国連広報センターウェブサイト〈https://www.unic.or.jp/activities/economic_ social_development/sustainable_development/2030agenda/sdgs_logo/sdgs _icon_black_and_white/〉（最終アクセス：2021年8月9日）

注2　総務省政策統括官（統計基準担当）付国際統計管理官室が公表している

注3　外務省 JAPAN SDGs Action Platform ウェブサイト「SDG グローバル指標（SDG Indicators）」に掲載されているデータを基に筆者作成（最終アクセス：2021年8月29日）

注4　自治体 SDGs 推進評価・調査検討会 自治体 SDGs 推進のためのローカル指標検討 WG「地方創生 SDGs ローカル指標リスト 2019 年 8 月版（第一版）」を参考に筆者作成。

注5　自治体 SDGs モニタリング研究会は、UNCRD が中心となって立ち上げ、名古屋市、豊田市、凸版印刷株式会社、ESRI ジャパン株式会社、大日本コンサルタント株式会社の5 団体が参画している

■参考文献

1. 自治体 SDGs モニタリング研究会「自治体 SDGs モニタリングの手引き Part A 地域の SDGs 達成度評価」〈https://www.uncrd.or.jp/content/documents/8218 Handbook_SDG%20Monitoring%20for%20LGs_A_JPN.pdf〉（最終アクセス：2021年8月29日）

1 求められる人間中心社会の実現

　日本政府は、IoT^{注1}や人工知能（AI）、ビッグデータなどの先端技術を活用し、「経済発展と社会的課題の解決を両立していく新たな社会^{注2}」をSociety 5.0と位置づけ、実現を目指しています。

　Society 5.0とは、狩猟社会（Society 1.0）、農耕社会（Society 2.0）、工業社会（Society 3.0）、情報社会（Society 4.0）に続く、「サイバー空間（仮想空間）とフィジカル空間（現実空間）を高度に融合させたシステムにより、経済発展と社会的課題の解決を両立する人間中心の社会」を指します^{注2}。

　Society 5.0では、ロボットが介護することで人間の負担を減らしたり、農作業の自動化などを行うことで食品ロスの削減などを図ったりすることができます。その先行的な実現の場として位置づけられているのが、先進的技術によって都市や地域の機能やサービスを効率化・高度化^{注2}する「スマートシティ」です。

　スマートシティを実現すれば、SDGsのゴール・ターゲット間のインターリンケージのように他分野にまたがる課題のつながりを意識した問題解決や、複数の自治体による広域連携を進めることも期待されます。

2 「移動」から考える技術の活用と SDGs

■移動と SDGs の関係

　ここではスマートシティの一例として、私たちの生活の中から「移動」
の場面を取り上げてご紹介します。

　通勤・通学、病院への通院、日用品の買い物など、私たちは様々な目的
で日常的に移動していますが、この「移動」はいくつもの SDGs のゴー
ル・ターゲットが関係しています。

　例えば、SDGs のゴール 3「すべての人に健康と福祉を」に紐づくター
ゲット 3.1 では、「道路交通事故による死傷者を半減させる」と設定され
ています。なお、2018 年における日本国内の交通事故による死傷者は、
年間約 53 万人[注3] です。

　また、SDGs のゴール 11「住み続けられるまちづくり」では、ターゲッ
ト 11.2 にあるように、障害者や高齢者に配慮しながら、すべての人がアク
セスできる公共交通機関の整備が求められています。一方で、利用者の減
少で、バス・鉄道路線が廃止されるなどの問題に直面している自治体もあ
ります。

■移動から考える都市経営のあり方

　さらに公共交通網が十分でない地域では、自家用車の利用が「生活の足」
となっているため、中心市街地の一定の割合を駐車スペースに割かざるを
得ない状況です。このスペースを有効活用することができれば、まちづく
りの可能性も広がるはずです。

　モビリティデザイナーの牧村和彦さんも、「都市を経営する観点でみる
と、1 台のマイカーを都市で抱えていくためには、自宅、勤務先、商業施
設等の立ち寄り先など、3 〜 4 台分のスペースを維持していく必要がある。

（中略）中心市街地などの都市計画区域に居住人口が増えれば、都市計画税や固定資産税などの税収増も期待でき、狭い日本においては立地の適正化を促していく上でも、駐車政策は重要だ」と著書で述べています[注4]。

■大きな割合を占める自家用車の二酸化炭素排出量

　ほかにも、SDGsのゴール13に掲げられた気候変動について、地球温暖化の要因とされる二酸化炭素（以下、CO_2）の排出量の削減は喫緊の課題です。

　国土交通省によると、国内のCO_2排出量（11億800万トン）のうち、18.6％（2億600万トン）を運輸部門が占め、そのうち自家用乗用車の割合が半分近くになっています（図1）。SDGsのゴール7「エネルギーをみんなに そしてクリーンに」にも関係する課題であり、電気自動車（EV）などの開発・普及が期待されます。

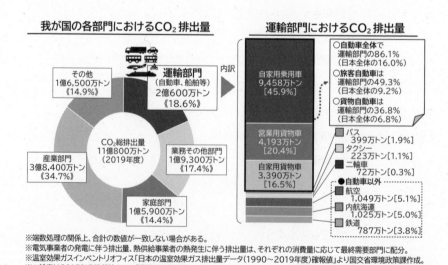

※端数処理の関係上、合計の数値が一致しない場合がある。
※電気事業者の発電に伴う排出量、熱供給事業者の熱発生に伴う排出量は、それぞれの消費量に応じて最終需要部門に配分。
※温室効果ガスインベントリオフィス「日本の温室効果ガス排出量データ（1990～2019年度）確報値」より国交省環境政策課作成。
※二輪車は2015年度確報値までは「業務その他部門」に含まれていたが、20016年度確報値から独立項目として運輸部門に算定。

図1　日本国内における二酸化炭素排出量[注5]

■地域の課題解決に IT 技術を活用する

　このように SDGs の複数のゴールに関係する「移動」をめぐって"MaaS（マース：Mobility as a Service)"や"スマートモビリティ"といった言葉を耳にする機会が増えてきました。

　MaaS とは「地域住民や旅行者一人ひとりのトリップ単位での移動ニーズに対応して、複数の公共交通やそれ以外の移動サービスを最適に組み合わせて検索・予約・決済等を一括で行うサービスであり、観光や医療等の目的地における交通以外のサービス等との連携により、移動の利便性向上や地域の課題解決にも資する重要な手段となるもの[注6]」を指します。つまり、スマホのアプリを使った配車サービスだけを指しているわけではありません。

　中山間地域など公共交通が不十分な地域に暮らす自家用車を持たない高齢者にとって、買い物や病院に行く際に気軽に利用できる配車サービスは、とても心強いものでしょう。また都市部においても、混雑状況を踏まえて目的地までの最適なルートを自動的に選択してくれるサービスが普及すれば、交通渋滞の緩和も期待できます。

■"N 対 N"で課題解決に取り組む

　こうしたスマートシティの実現に向けて、大阪府では、公民共同で課題解決に取り組む「大阪スマートシティパートナーズフォーラム」（以下、OSPF）を 2020 年 8 月に設置しています。

　自治体と企業が個別の連携をするのではなく、複数の主体で連携することで持続可能性を高める「N 対 N（複数自治体：複数企業）」の関係を構築し、府内全域の課題解決に展開しようとしているのが OSPF の特徴です。

　OSPF には、すでに 390 を超える企業・団体（2021 年 11 月現在）が参加しており、府内でいくつもの有機的なプロジェクトを実施しています。

　OSPF の設置意義について、事務局である大阪府スマートシティ戦略部

図2　粟井美里さんは「公民共同でスマートシティを実現したい」と意気込む（提供：ご本人）

戦略推進室戦略企画課の粟井美里さんは、「行政が地域課題の解決に ICT の活用を進めていく上で、蓄積されたノウハウや構築されたシステムを備えた企業・団体等との連携は不可欠です。一方で、企業や団体も、先進技術を実装するためには、地域のことをよく知っている自治体の存在は不可欠と言えます。そこで、OSPF のようなプラットフォームを活用して、互いの強みを出し合うことで、地域課題の解決策を共創できるのです」と話します（図2）。

　さらに運営上の留意点については、「単発の実証で終わらないように、持続可能なビジネスモデルの構築を念頭に置き、色々なステークホルダーの考え方やスキル、ノウハウを理解して、全体をいかにコーディネートしていくかを心がけています」と語ります。

■行政の役割はプラットフォーム構築にあり

　OSPF では、民間事業者の技術提供によって、市町村が抱える地域課題を共有しながら、コーディングを用いずにアプリを作成して解決方法を検

討するセミナーの開催や、子どもの見守りや買い物困難者支援などのスマートシティサービスの実証とともに住民が簡単かつスピーディーに各種サービスにアクセスできるプラットフォーム整備に向けた取り組みなど、多様な公民共同のアクションを実行しています。ほかにも、会員企業・団体、府内市町村が集まって互いのニーズとシーズについて意見交換する場を設けるなどの取り組みにも力を入れています。

　大阪府は、広域自治体の立場を活かし、府内の市町村が抱える地域課題解決を図ろうとしています。基礎自治体であっても、こうした様々な主体の間に立ち、共創の場を構築する「プラットフォーム・ビルダー」となる役割は、スマートシティ、その先の Society5.0 の世界を実現する上で今後ますます重要になってきそうです。

■注釈

注1　IoT とは、Internet of Things の略である。Society5.0 では、「全ての人とモノがつながり、様々な知識や情報が共有され、今までにない新たな価値を生み出すことで、これらの課題や困難を克服」する社会が実現される（出典：内閣府ウェブサイト「Society 5.0」〈https://www8.cao.go.jp/cstp/society5_0/〉（最終アクセス：2021年11月15日））

注2　国土交通省ウェブサイト「スマートシティ官民連携プラットフォーム」〈https://www.mlit.go.jp/scpf/〉（最終アクセス：2021年9月20日）

注3　内閣府『令和元年交通安全白書』「第2節平成30年中の道路交通事故の状況」〈https://www8.cao.go.jp/koutu/taisaku/r01kou_haku/zenbun/genkyo/h1/h1b1s1_2.html〉（最終アクセス：2021年9月5日）

注4　牧村和彦『MaaS が都市を変える　移動 × 都市 DX の最前線』p.62、学芸出版社

注5　国土交通省ウェブサイト「運輸部門における二酸化炭素排出量」〈https://www.mlit.go.jp/sogoseisaku/environment/sosei_environment_tk_000007.html〉（最終アクセス：2021年9月5日）

注6　国土交通省ウェブサイト「日本版 MaaS の推進」〈https://www.mlit.go.jp/sogoseisaku/japanmaas/promotion/〉（最終アクセス：2021年9月5日）

■参考文献

1. 牧村和彦（2021）『MaaS が都市を変える　移動 × 都市 DX の最前線』学芸出版社

1 若者の活躍が SDGs 達成のカギ

■公正な社会のために求められるあらゆる世代の包摂

　SDGs のゴール 16「平和と公正をすべての人に」には、暴力や暴力に関連する死亡率の大幅な削減（16.1）や、法の支配の促進（16.3）など、平和の実現や司法への平等なアクセスの実現に向けた 12 のターゲットが設定されています。

　その中で、「あらゆるレベルにおいて、対応的、包摂的、参加型及び代表的な意思決定を確保する（16.7）」と設定されたターゲットを実現する上で、行政が十分に包摂できていない主体の 1 つが「若者・ユース」ではないでしょうか。

　SDGs が採択される前年の 2014 年時点で、世界人口約 73 億人のうち、約 18 億人を若者（10 歳から 24 歳）が占めています[注1]。少子高齢化が叫ばれる日本でも、2018 年時点で人口約 1 億 2 千万人のうち約 1,763 万人は若者が占めており[注2]、決して少ない数ではありません。

■地域社会の可能性を拓く次世代の価値

　SDGs の達成を考える上では、特に 2030 年の未来をどのように形作っていくかという視点が欠かせません。したがって、10 年後の未来で社会の中心を担う若い世代の意見にも耳を傾け、計画等に反映することが求められます。それが、2022 年現在で 10 代～ 30 代にあたる 2 つの世代、1980 年代～ 1990 年代前半頃に生まれた「ミレニアル世代」と、1990年代後半から 2000 年代頃に生まれた「Z 世代」です。

地域社会の課題を解決する上で、若者の目線や、インターネットやパソコン等が整備されている環境で育った「デジタル・ネイティブ」と呼ばれる世代が持つ技術は、自治体で職員として働いている世代がこれまで持ち得なかった新たな価値を与えてくれます。まずは、ミレニアル世代やＺ世代を「一緒に地域社会について考えるパートナー」だと認識することが、SDGsを進める第一歩となるはずです。

■ 2030年を担う若者の声は行政に届いているか

　それでは、これらの世代は、まちづくりにどのように関与しているでしょうか。地域社会の意思決定に彼らが関わることや、行政が連携する相手として若者を捉えることを、自治体は本当に想定できているでしょうか。

　例えば自治体は、各種計画の策定等に際して、有識者や関係者からなる審議会や委員会を設置します。市民委員の公募がなされることは多いものの、出席者の顔ぶれにミレニアル世代やＺ世代が含まれているケースは、あまり多くはありません。「うちは若者と連携している」と胸を張る自治体でも、行政で決めたことを実行してもらう主体として若い世代を捉えていないでしょうか。

　選挙の投票率を見てみると、2018年に実施された参議院議員選挙（第25回）では、全年齢の平均が48.80％であるのに対し、10歳代が32.28％、20歳代が30.96％と若者の投票率が低い水準にあります[注3]。若者が政治や公共課題の解決に参加する姿勢を高めていくことが求められる一方で、こうした年代が参加しやすい環境を整備することも、行政としては必要な視点です。

2 増え始めた意思決定の場への参加機会

■有識者会議や協議会への参加

　沖縄県がSDGsの推進のために設置している「SDGsアドバイザリーボード」には、株式会社大和総研で研究員として活躍する傍ら、筆者も所属するSDGsを推進する若者団体「SDGs-SWY」の共同代表を務める和田恵さんが、令和3年度から有識者として参加しています（図1）。メンバーの中で唯一の20代である和田さんは、当初戸惑いもあったそうです。

　「はじめは委員会の慣例等が分からず、何をどこまで言うべきか悩みました。色々と考えましたが、若者らしく前例に捉われずに、主張すべき意見を正直に声に出して伝えようと決めました。有識者委員会に若者が入ること自体が珍しいですが、『若者を委員に入れてよかった』と思ってもらえるように、会議における自分の存在意義を常に問いながら、若者の視点で貢献していきたいです」と思いを語ります。

図1　リモートで開催された沖縄県「SDGsアドバイザリーボード」の様子（左）（提供：沖縄県）と、委員の和田恵さん（右）（提供：ご本人）

■政策の発信における地元学生との協力

　また滋賀県大津市内の水道を所管する大津市企業局は、立命館大学 Sustainable Week 実行委員会と共同で、1 日完結型のプログラム「SDGs Discovery Field Work in 大津」を 2020 年に開催しました。同局と同大学の学生が水道水の持続可能性についてともに考え、学ぶプログラムです。①レクチャー（講師：大津市企業局）、②浄水場見学（柳が崎浄水場）、③意見交換の 3 つのパートから構成され、立命館大学の学生が参加しました。

　同局の仁志出彰子さんは、SDGs を学ぶ学生との質疑応答を通じて、「学生から純粋に疑問に思うことを投げかけていただき、意見交換するうちに企業局の職員側が学ぶ場面も多かった」と話します。

　さらに翌年度、大津市と立命館大学は、琵琶湖の水に恵まれた大津市の水道を「水の惑星」に見立てた映像制作事業「Otsu Water Planet ～いつでもどこでも動画で学ぶ水の大切さ～」も実施しています（図 2）。この事業では、① SDGs と水の関係を解説するもの、②ドローンも活用しながら、琵琶湖の水が水道水として住民に届くまでを伝えるもの、③学生リ

図 2　完成した動画の字幕は、小学校 4 年生までに学習する漢字でつくられている
（出典：大津市役所 YouTube チャンネル[注4]）

ポーターが普段入れない浄水場に潜入取材するもの、の3本の映像を制作し、若者の目線で捉えた身近な水道の大切さを住民に伝えています。

　制作に携わった同大学の谷口和輝さんは、「大津市職員の皆さんと、水道とともに打ち出すべき話題を選定するところから始めました。例えば『水道と環境』のテーマでは、SDGsや海外の水道事情との比較、土の循環といったトピックを踏まえて全体構成を考えました。主な視聴対象は、授業の一環で浄水場の見学に来る市内の小学4年生であるため、集中して観てもらえるように、動画1本の長さを短くし、最終的に3本の動画にまとめました」と語ります。

　「これまで行政が制作していた学習動画は、浄水場について詳細かつ正確に伝えようとするものでした。しかし今回の動画は、大学生の視点から水道事業を見て、子どもたちが『もっと知りたい』と思うポイントをうまくまとめてくれました。動画撮影で大学生から寄せられる提案には、こちらが驚くような斬新な発想が多く、できる限り要望に応えました」と仁志出さん（図3）。

　実際に、コロナ禍で社会科見学の機会が失われた市内の小学校では、4

図3　大津市企業局によって琵琶湖畔に設置されたオシャレな給水スポットと仁志出彰子さん

年生の児童が動画を視聴し、企業局の職員に質問を行うオンライン授業も実施されています。「外国人や女性は働いていますか？」といった具体的な労働環境に関する質問も寄せられるといい、「職業」として水道事業に関心を寄せてもらうことで、未来の世代に向けた採用広報にもなっていると、仁志出さんは続けます。

■若い世代と連携するためのポイント

それでは、行政が大学生などの若い世代と連携する上で、どのような点を意識する必要があるのでしょうか。

仁志出さんは、「オンラインですぐにやり取りできる環境を整えることは必要です。その点、企業局では公用スマートフォンを導入していたので、コミュニケーションも円滑に進みました。学生に委託したら発注者側の行政は何もしない、という姿勢ではなく、行政や地域社会の取り組みを学びたいという学生の気持ちに応えながら、一緒に成果物を創り上げていく姿勢で臨むことで、良い結果につながると感じています」

谷口さんも「『水道事業を分かりやすく住民に伝えたい』という仁志出さ

図4　琵琶湖上にある水道の取水口の撮影にボートで向かう谷口和輝さん （提供：ご本人）

んの思いに共感し、私たちも夢中になって動画を制作しました。動画の視点や方法などについては、専門である私たちを信じて任せてくれました。一方で、動画内で用いる言葉の表現については、試作段階で行政から助言を受けて変える工夫も施しています。行政側に理解のある職員がいてくださることは、連携する学生側にとって非常に心強いです」と話します（図4）。

　これらの例が示すように、公民連携が持つ可能性は、何も企業との連携に限ったことではありません。まちの未来を考えるSDGsを、まちの未来を担う若者と連携して一緒に考えることも、公民連携の1つのアクションなのです。

■注釈

注1　国連人口基金「世界人口白書2014」

注2　総務省統計局「日本の統計2020」

注3　総務省ウェブサイト「参議院議員通常選挙における年代別投票率の推移」〈https://www.soumu.go.jp/senkyo/senkyo_s/news/sonota/nendaibetu/〉（最終アクセス：2021年11月2日）

注4　大津市役所YouTubeチャンネル「【公式】徹底解剖！10分でわかる浄水場のヒミツ」〈https://www.youtube.com/watch?v=pwn4HbP6RPk〉（最終アクセス：2021年11月26日）

■ おわりに──公民連携を成功させるポイントと視点

　第1章から第3章にかけて、SDGsの実現を目指し、全国の自治体で実施されている公民連携の事例や、注目されるキーワードをご紹介しました。本章では、これらの事例を通じて見えてきた「SDGsを活用して公民連携を円滑に進めていくためのポイント」をご紹介するとともに、自治体が今後、SDGsを政策に反映しつつ効果的に取り組む鍵となる「広域連携の必要性」や「社会システムの変革」などの視点をお伝えします。

■ 2つの「ズレ」を整える

　SDGsの文脈に限らず、公民連携を進めていく上で、行政と民間企業・団体の間で、業務のスピード感、言葉（用語）が持つ意味に「ズレ」が生じがちだという声がよく聞かれます。

(1) スピード感のズレ

　まず業務のスピード感については、「行政＝遅い」「民間＝早い」というイメージを持たれがちです。しかし行政のスピード感は、必ずしも行政職員の仕事が遅いためではなく、ステークホルダーの範囲が広く、予算案の作成から執行までのサイクルに時間を要する事情によるものです。

　行政の場合、実行しようとする政策に賛成する人だけでなく、反対する人からも一定の理解を得る必要があります。そのため、多くの関係者に丁寧な説明を行う間に時間が経過してしまい、政策の効果が発揮できる時期を逸してしまうことがあるのです。

　また、秋口に行政の担当課が作成する予算案は、庁内での調整を経て、翌年2月から3月に開かれる議会の審議・議決を受け、ようやく4月から執行できるというサイクルになっています。このため、計画時点で想定

されていない取り組みを実施することが難しいのです。

　行政と連携する企業・団体側も、こうした実情を理解しながら、ともに解決策を考える必要があります。

（2）言葉の意味のズレ

　取り組みが目指す目的地について、SDGsを用いて共有することは大前提ですが、同時に日常的に使う言葉のイメージにも気を配りたいものです。

　例えば「まちづくり事業」という言葉1つとっても、インフラ整備や都市計画のようなハード面の事業を思い浮かべる人もいれば、コミュニティづくりなどソフト面の事業を思い浮かべる人もいます。

　また、共通の課題解決に挑む際に交わされる「"きょうどう"で頑張りましょう！」というフレーズでは、行政が「共同」を、市民団体側は「協働」をイメージして食い違ってしまう場面も考えられます。前者は一緒に同じ事業を実施すること、後者は互いに対等な立場で強みを出し合いながらも異なる取り組みを行うことです。

　こうしたイメージの「ズレ」をできる限り減らし、使う言葉や表現に同じ認識を持つよう意識することが必要です。

■公民連携の専門窓口をつくる

連携のハードルを下げるワンストップ窓口

　SDGsを自治体で進めていくためには、行政だけで進めるのではなく、多様な主体（マルチステークホルダー）の参画を得ることが必要です。

　しかし、企業側はどのようなルートで行政側にアプローチしたらよいか分からないこともあるでしょう。一方の行政側も、企業・団体からアプローチが来てから連携を考える「待ちの姿勢」である場合もあります。こうなると、条例の整備や補助金の交付といった行政のみで行使できる政策手段の枠内でしか、地域課題を解決する選択肢が実行できません。

そこで、地域課題解決に向けた公民連携を促進すべく、公民連携企業・団体からのアプローチを受け取り、スピーディに対応するワンストップ窓口である「公民連携デスク」を設置する動きが各地でみられます。特に大阪では、府が2015年に開設して以降、第2章でご紹介した富田林市をはじめ、府内の市町村を中心に同様の窓口を設置する動きが広がっています。

大切なのは相手の立場で考える意識と透明性

大阪府の公民戦略連携デスクのプロデューサーとして、設置から運用に尽力された府職員の山縣敦子さん（現・スマートシティ戦略部戦略推進室戦略企画課参事）は、行政側が円滑に公民連携を進めるポイントについて、企業の人を知り、理解し合えるかが重要であると語ります（図1）。
「例えば、企業側が公民連携事業について社内稟議を得るために何が必要なのか、企業の立場で考えることが必要です。公民連携で進める内容について、企業側から提案してくださる場合もありますが、一緒に知恵を絞ることで信頼関係を築き上げていくことを心がけました。元横浜市職員で、

図1　山縣敦子さんは「大阪府の公民戦略連携デスクでは、対話を通じたアイデアを活かし、イノベーションを生み出しています」と語る（提供：ご本人）

公民連携のトップランナーである河村昌美さんから『公民連携は恋愛である』と教えていただきましたが、お互いのことを理解すれば、相手が欲していることを理解することもできるのではないでしょうか。」

　一方で、特定の企業と行政が連携することに「癒着」という表現が使われてしまうこともあります。公平性に配慮しながら、行政職員が一歩踏み出すには、どうしたらよいでしょうか。山縣さんは、窓口を常にオープンにしていることが大切だと言います。例えば、ウェブサイト上で民間事業者と連携したい内容を公開しておくなど、機会均等を担保し公平性を保つ工夫を講じておくことで、公平性・公正性を高めることができるはずです。

■庁内で共創人材を育てる
求められる"木を見て森も見る"能力

　自治体でSDGsを推進していくためには、総合計画のように政策全般に関する広い視野と、各課が取り組む施策や事業に関する深い知識の双方が求められています。特定のゴールの達成だけでなく、複数の分野が及ぼし合う影響についての理解も必要になります。"木を見て森を見ず"ということわざがありますが、SDGsでは"木を見て森も見る"能力が必要だと言えるでしょう。

　そのためには、総合計画などを策定する際に必要な「森」を見る視座を、企画部門だけでなく、すべての部署が意識して持つようにすることも心がけなければなりません。もちろん、管理職で働く職員の方々は、様々な部署を異動しながら、こうした複合的な視点をすでにお持ちですが、入庁してすぐにこうした視座を得られるわけではありません。

　しかし、入庁してから10年目くらいまでの若手職員も、前述の管理職の方々と同じような視座を意識しながら、自分の担当業務を進めることで、その効果や効率も高めることができます。そのためには、「自主研」と呼ばれる庁内の分野横断型の勉強会に参加したり、庁外のセミナーなどに足を

運んだりするなど、現在の自分にできそうなことを探してみることも「はじめの一歩」と言えます。

"できる理由"を考える思考アプローチ

　もう１つ大切なことは"できない理由"ではなく"できる理由"を考えられるかどうかです。

　第１章で、SDGsの特徴の１つである「バックキャスティング」をご紹介しました。非常に高い位置に目標を設定する（"ムーンショット"）ことで、これまでの延長線上にない新たな解決策を考える思考アプローチです。

　もちろん、税金を用いて事業を行う自治体職員にとって、「できない理由」（＝リスク）を探す感覚がまったく必要ないわけではありません。一方で、「民間企業と連携した経験がないから、今回は庁内だけで考えよう」とか「複雑なスキームを理解しなければならないから、次回にしよう」といった"できない理由"ばかりを探してリスク低減に努めるだけでなく、地域の状況を改善するために「できる理由」も探してみることも必要です。

　まちづくりは行政だけで行えるわけではありません。公民連携のプロセスを通じて、庁内に限らず、地域で暮らす住民や、行政にない技術・知見を持った事業者とともに、まちの未来を「共創」することができる人材こそ、今後の自治体に求められているはずです。

SDGsは地域の未来を前向きに思い描く潤滑油

　筆者が参与（SDGsアドバイザー）を拝命している京都府亀岡市では、2021年度から市長公室にSDGs創生課が設置され、市内外の民間事業者とも積極的に連携を進めながら、持続可能なまちづくりを進めています（図2）。

　そのほかにも、鎌倉市や川崎市をはじめとしたいくつもの自治体でアドバイザー等の立場から、筆者自身も自治体のSDGsに関与する機会をいただいていますが、どの自治体組織であっても、前向きに庁外との連携を捉

図2　亀岡市の市長公室長・山内俊房さん（写真右端）と、SDGs 創生課職員のみなさん（撮影：乾芽衣さん（亀岡市職員））

え、地域の未来を描くことができる自治体職員の存在がSDGsを推進するためには欠かせないことを実感しています。

　「地域の課題を解決したい」「持続可能なまちを創っていきたい」という思いは、行政も民間企業・団体も同じです。その思いを共有できれば、所属や立場の壁を超えて連携し、互いの強みをかけ合わせることで、相乗効果を生み出していくことができるはずです。その潤滑油として、SDGsは役に立つことができると確信しています。

■地域の持続可能性の「前提」をつくる
コロナ禍による生活変容で高まる中山間地域の可能性

　これまで、豊かな自然資源が中山間地域にあるにもかかわらず、情報・人材の集中のために産業が都市部に集積し、「東京一極集中」に象徴される偏りにつながってきました。しかし、世界中を震撼させている新型コロナ

ウイルスの感染拡大（以下、コロナ禍）によって、社会の状況は一変しました。都市部では満員電車による通勤が常態化していましたが、コロナ禍を機にリモートワークの導入や時差通勤を推奨する企業が増加し、ライフスタイルやワークスタイルに変化が見られています。

コロナ禍でオンライン会議が普及し、情報通信技術（ICT）によって人的資源が繋がることにより、今後は資源が十分に揃った地方部でも、新たな産業を起こせる可能性が高まっています。こうしたチャンスを自治体と地元企業が明確に認識し、これまでにない産業を生み出し、発展させることが望まれています。

"自分たちだけ" を脱する広域連携

一方、地域の発展を考える場合でも、「自分たちの地域だけ」が良好な状態になれば問題がすべて解決するわけではない、というのがSDGsの重要なメッセージです。例えば海に面していない自治体にとって、SDGsのゴール14「海の豊かさも守ろう」の達成に向けた当事者意識は低くなりがちです。しかし、亀岡市の事例（第2章）が示すように、沿岸部の自治体の取り組みだけでは、海洋プラスチックごみなどの課題が解決できるわけではないのです。周辺自治体、都道府県、日本、そして世界へと視野を広げて、問題解決の方法を検討する必要があり、自治体間の連携を深めることも必要です。

行政こそ担える「未来の前提」づくりの役割

さらに、具体的な問題への対処法（前述の海洋ごみの問題であれば、海岸の清掃を行うことなど）を検討するだけでなく、そもそも問題が発生しない社会システムを構築することも必要です。行政にとって公民連携は、民間事業者の先進的な技術やスピード感の活用への期待から、自分たちの仕事を「助ける」ものであるという感覚になるかもしれません。しかし、

行政機関にしかできないことも改めて考える必要があります。

　その1つとして、人々が行動する際の前提となる仕組みを構築できることが挙げられます。条例を制定して行動を規制したり、補助金を交付するなどして行動を促したりして、様々な主体が行動する際の方向付けをすることで、事業者や住民の行動に大きな影響を与えます。

　行政は、こうした社会システムの根幹となる「前提」に関与する役割が担えることを自覚し、活かしていく方法を考えていくことが必要でしょう。それも、地域の現在だけを見つめるのではなく、10年後、50年後、そしてその先の未来を見据えて、どの方向に向かうことが望ましいか、住民や事業者などの多様な主体とともに考え、連携して地域の未来をかたちづくっていく必要があります。そのために、現在と未来にまたがる時間軸を備え、多様な主体の共通言語でもあるSDGsを活用して、より持続可能なまちづくりを進めていく——そんなまちづくりの形に向けた道筋を、本書を通じて感じてもらえたら嬉しく思います。

　自治体にとっては、突如として現れたように思えるSDGsですが、これまで自治体が取り組んできたこともSDGsの達成に寄与するものは多くあります。SDGsが有する新たな視点や特徴を活かしながら、まちの未来を持続可能で、より良いものにするために使っていただけることを願っています。

■参考文献
1. 宝塚市ウェブサイト「協働のまちづくり　よくある質問」〈https://www.city.takarazuka.hyogo.jp/faq/5000002/5000009/5000074/5000720.html〉（最終アクセス：2021年10月7日）

謝辞

はじめに、本書の編集を担当してくださった学芸出版社の松本優真さんに心から感謝申し上げます。多くの人に役立つ本をつくるため、真摯に著者と向き合い、妥協せずに書籍をつくりあげようとする松本さんと一緒だからこそ、本書をつくりあげることが叶いました。

本書を執筆しようと思ったきっかけは前著を出版した頃に遡ります。私の講演会に参加してくださった前職（大和市役所）の先輩である坂本勝敏さんから「今回のSDGsの話も良かった！ただ、何年か前に庁内の勉強会で話してくれた住民協働の話も良かった」というお言葉を頂きました。確かに、多様な主体が連携したまちづくりを進めていくために、市職員の立場で試行錯誤しながら取り組んだ経験は、自分の土台になっています。

それから数日後、驚いたことに「SDGsと公民連携をテーマに書籍をつくりませんか？」とのご連絡を頂き、本書の執筆がスタートしたのです。

こうした経緯で、書き始めた本書ですが、民間事業者からの視点をどのように本書に反映するか悩んだ時期もありました。そのような折、神奈川県顧問の川廷昌弘さんは、「SDGsで自治体を強くしたいと思うならば、民間企業や団体のことをきちんと学んでいくことは重要だよ」という温かいお言葉でその必要性を私に改めて認識させてくださいました。この場を借りて、川廷さんに感謝申し上げます。

私の大学院の恩師である蟹江憲史先生（慶應義塾大学大学院）、源由理子先生（明治大学公共政策大学院）をはじめ、日頃から温かく見守ってくださる多くの先生方のご指導に深く感謝申し上げます。

そして、日頃からアドバイザー等の立場で関わらせていただいている自治体の皆様、SDGsをきっかけにご縁を頂いた自治体や企業、市民団体の皆様にも心から感謝申し上げます。

最後に、目まぐるしく変わる日々の中でも、変わらず私を信じ、全力で応援してくれる家族に深い感謝を込めて。

2022年2月吉日 横浜にて　高木 超

著者略歴

高木 超（たかぎ こすも） （ロゴデザイン：玉田直哉）

慶應義塾大学大学院 政策・メディア研究科 特任助教
国連大学サステイナビリティ高等研究所 いしかわ・かなざわオペレーティング・ユニット 研究員
1986年東京都生まれ。NPO等を経て、2012年から神奈川県大和市役所の職員として住民協働等を担当。その間、明治大学公共政策大学院を修了。17年9月に退職し、渡米。クレアモント評価センター・ニューヨークの研究生として「自治体におけるSDGsのローカライズ」に関する研究を行うほか、国連訓練調査研究所（UNITAR）とクレアモント大学大学が共催する「SDGsと評価に関するリーダーシップ研修」を修了。19年4月から現職（国連大学は同年9月着任）。内閣府地域活性化伝道師、ジャパンSDGsアクション推進協議会事務局国際渉外担当ディレクター、亀岡市参与（SDGsアドバイザー）、川崎市SDGs推進アドバイザー、鎌倉市SDGs推進アドバイザー、ヨコハマSDGsデザインセンター・アドバイザー、能登SDGsラボ連携研究員を兼務。そのほか、ミレニアル世代・Z世代でSDGsを推進する団体「SDGs-SWY」を創設し、2021年3月まで共同代表。著書に『SDGs×自治体 実践ガイドブック 現場で活かせる知識と手法』（学芸出版社）、『まちの未来を描く！自治体のSDGs』（学陽書房）など。日本評価学会認定評価士。

本書の用紙には、環境対応紙または再生紙を使用しています。
また、印刷には植物油インキを使用しています。

VEGETABLE
OIL INK

SDGs×公民連携
先進地域に学ぶ課題解決のデザイン

2022年3月15日　第1版第1刷発行

著　　　者……高木 超

発 行 者……井口夏実

発 行 所……株式会社 学芸出版社
　　　　　　京都市下京区木津屋橋通西洞院東入
　　　　　　電話 075-343-0811　〒600-8216
　　　　　　http://www.gakugei-pub.jp
　　　　　　E-mail info@gakugei-pub.jp

編　　集……松本優真

Ｄ Ｔ Ｐ……村角洋一デザイン事務所
装　　丁……北田雄一郎
印刷・製本……モリモト印刷

● UN SDGs Website
(https://www.un.org/sustainabledevelopment/)